PRALINEN, TRÜFFEL UND KONFEKT

PRALINEN, TRÜFFEL UND KONFEKT

90 klassische Rezepte

Claire Ptak
Fotografie Nicki Dowey

Für Damian Blue Thomas

Unser Verlagsprogramm finden Sie unter www.christian-verlag.de

Übersetzung aus dem Englischen: Gabriele Lichtner
Textredaktion: Dr. Bernhard Abend
Korrektur: Regina Jooß
Satz: Martin Feuerstein
Umschlaggestaltung: Caroline Daphne Georgiadis, Daphne Design

Copyright © 2011 für die deutschsprachige Ausgabe:
Christian Verlag GmbH, München

Die Originalausgabe mit dem Titel THE HOME-MADE SWEET SHOP wurde erstmals 2010 im Verlag Anness Publishing Ltd., London, veröffentlicht.

Copyright © 2010 für den Text: Claire Ptak
Copyright © 2010 für die Fotos: Nicki Dowey
Copyright © 2010 für Layout und Design: Anness Publishing Ltd.

Die Deutsche Nationalbibliothek verzeichnet diese Publikation in der Deutschen Nationalbibliografie; detaillierte bibliografische Daten sind im Internet über http://dnb.d-nb.de abrufbar.

Gesamtherstellung Verlagshaus GeraNova Bruckmann GmbH

Alle deutschsprachigen Rechte vorbehalten.

ISBN 978-3-86244-090-0

Alle Angaben in diesem Werk wurden von der Autorin sorgfältig recherchiert und auf den aktuellen Stand gebracht sowie vom Verlag geprüft. Für die Richtigkeit der Angaben kann jedoch keinerlei Haftung übernommen werden. Für Hinweise und Anregungen sind wir jederzeit dankbar. Bitte richten Sie diese an:

Christian Verlag
Postfach 400209
80702 München
E-Mail: lektorat@verlagshaus.de

Mengen- und Temperaturangaben

Der Einfachheit halber werden kleine Mengen in Teelöffel (TL) und Esslöffel (EL) angegeben. 1 TL = 5 ml, 1 EL = 15 ml.

Die Temperaturangaben gelten für übliche elektrische Backöfen (Ober-/Unterhitze). Wenn Sie mit Umluft arbeiten, müssen Sie die Temperaturen um 20 °C verringern. Da sich jeder Backofen etwas anders verhält, kann es notwendig sein, die Angaben nach eigenen Erfahrungen zu ändern.

Die Nährwertanalyse (S. 156) für die Rezepte bezieht sich entweder auf die Gesamtmenge oder auf eine Portion. Nennt das Rezept Portionen (z. B. »Für 4–6 Portionen«), beziehen sich die Angaben auf eine kleinere Portion (hier also eine von 6 Portionen). In der Angabe für Natrium ist das Salz, das eventuell zum Abschmecken zugefügt wird, nicht enthalten.

Die Eier für die Rezepte sind mittelgroß, wenn nicht anders angegeben.

Inhalt

Zucker und Süßigkeiten historisch 6

Aus der Geschichte der Schokolade 10

Zutaten für die Konfektherstellung 14

Geräte für die Konfektherstellung 18

Bonbons und Lutscher, Karamellen und Fondant 20

Toffees, Karamellen und Krokant 38

Fudges und Frucht- und Nusskonfekt 58

Marshmallows, Nougat und Baisers 76

Zuckerzeug aus Früchten und Blüten 98

Marzipan, Nusskonfekt und Lakritze 116

Pralinen, Trüffel und Schoko-Konfekt 132

Nährwertangaben 156

Register 158

Zucker und Süßigkeiten historisch

Auf der ganzen Welt haben die Menschen Freude daran, Naschwerk zu kaufen, herzustellen und zu teilen, zu besonderen Gelegenheiten oder für den regelmäßigen Genuss. Süßigkeiten sind Zeichen der Wertschätzung für gute Freunde oder ein Mitbringsel für neue Bekanntschaften, sie können ein Lächeln auf ein Gesicht voll Tränen zaubern, Kinder belohnen und gebrochene Herzen trösten. Die meisten Süßigkeiten werden mit Zucker hergestellt, manche mit Honig, dem ersten Süßungsmittel überhaupt, andere mit nichtraffinierten Produkten, und so erhält jede Leckerei ihren besonderen Charakter.

Für die meisten Süßigkeiten ist Zucker oder ein Stoff, der Zucker enthält, die Grundzutat. Diese Süßstoffe reichen von Honig bis Malz, von Fruchtsaft bis Trockenfrüchten, von Rohr- und Rübenzucker bis zum Sirup von diversen Pflanzen.

Honig, das erste Süßungsmittel

In der Menschheitsgeschichte sind Süßstoffe allgegenwärtig. Meist verbesserten sie die Nahrung, manchmal dienten sie medizinischen Zwecken. Das erste Mittel war Honig, ein natürlicher Zucker, der von Bienen produziert wird. Schon vor Tausenden von Jahren sammelte man Bienenhonig, was durch eine 6000 Jahre alte Höhlenmalerei in Spanien belegt wird. Darauf ist ein Mensch zu sehen, der Waben aus einem Loch in einem Felsen zieht, während Bienen ihn umschwirren.

Schon früh machte man aus Honig Met, ein gegorenes Getränk aus Honig und Wasser, das Dichter, Politiker und Priester inspiriert haben soll. Im alten Ägypten glaubte man, dass Bienen aus den Tränen des Sonnengottes Ra entstanden und dass Honig sein Geschenk an die Menschen war. Honig diente als Zahlungsmittel, z. B. wurden damit Steuern bezahlt. In Pharaonengräbern entdeckte man Töpfe mit der goldenen Flüssigkeit, und Bienenkörbe finden sich in Wandmalereien des ägyptischen Sonnentempels. Im 3. und 4. Jahrhundert v. Chr., etwa in der Zeit, in der die Menschen mit der Bienenhaltung begannen, tauchen Bienen in Hieroglyphen auf. Bekannt ist auch, dass die Ägypter schon 2500 v. Chr. Süßigkeiten mit Honig herstellten.

In den Kulturen von Babylon, Assyrien, Persien, Indien, Griechenland und Rom wurden Bienen gehalten, jedoch besaß nicht jede Landschaft die Blütenpflanzen, die für einen guten Ertrag nötig waren.

So wurden Bienenstöcke auf Kamelen, Mauleseln oder Karren in günstige Umgebungen geschafft. Eine andere Art des Transports wurde von Griechen, Römern und sogar von britischen Imkern im 19. Jahrhundert genutzt: schwimmende Bienenstöcke. Die Bienenstöcke wurden auf Flöße oder Boote gestellt und flussaufwärts oder -abwärts gefahren, damit sie von fruchtbaren Landschaften profitieren konnten.

Ein weiterer Nachweis der frühen Verwendung von Honig sind Steingutsiebe aus der Jungsteinzeit, die in der Schweiz entdeckt wurden. Sie ähneln Geräten, die man noch heute in den Alpen zum Abseihen von Honig verwendet.

Heute ist Honig in aller Welt beliebt. Durch die Gefährdung der Bienen in jüngster Zeit wird er immer kostbarer. Die Imkerei erlebt einen neuen Aufschwung. Häufig wird Honig als Heilmittel verwendet, für alle möglichen Leiden von Halsschmerzen bis zu Verbrennungen. In der Küche ergänzt er süße und herzhafte Gerichte mit seiner Süße und seinem charakteristischen Geschmack.

Links Diese Illustration aus dem »Grand Herbier« (15. Jahrhundert) dokumentiert die Bienenhaltung im Mittelalter.

Unten Honig war der erste Süßstoff und wird noch heute in vielen Rezepten verwendet.

In der Karibik wurde Zuckerrohr angebaut und verarbeitet. (»Der Saft wird aus dem Zuckerrohr gepresst«, von William Clark, Antigua, 1823)

Andere Zuckerquellen sind z. B. Ahornsirup und Ahornzucker, Palmzucker und Birkensirup, Agavennektar, Früchte und Beeren sowie Malz. Sie werden natürlich besonders in den Ländern verwendet, in denen die Rohstoffe wachsen, aber mit der Globalisierung der Kochkunst nimmt auch ihre Verbreitung zu.

Zucker: Das Süßeste von allem

Obwohl Honig weit verbreitet war, sollte Zucker zu einem höchst begehrten Nahrungsmittel werden. Zuckerrohr hatte seinen Ursprung vor etwa 5000 Jahren in Polynesien; von dort gelangte es zu den Küsten Indiens. Doch blieb es noch lange Zeit ein Geheimnis, bis 510 v. Chr. der Perserkönig Darius nach Indien kam und entdeckte, dass man dort eine Pflanze kultivierte, die noch süßer als Honig war. Darius nannte sie »Schilf, das ohne Bienen Honig gibt«. Die Bewohner Indiens hatten eine Methode entwickelt, um den süßen Saft aus dem Zuckerrohr zu extrahieren, und verwandten ihn für die Zubereitung von Nahrung, darunter Konfekt, das Nougat und Marzipan ähnelte. Der König brachte seine süße Beute nach Persien, und bald ersetzte der Zucker dort den Honig als Süßungsmittel erster Wahl.

Die Verbreitung des Zuckers setzte sich im 4. Jahrhundert fort, als Alexander der Große in Westasien auf Zuckerrohr traf. Auf den neuen Handelswegen wurde Zucker als begehrtes Luxusprodukt importiert. Die arabische Invasion Persiens im 8. Jahrhundert führte zur weiteren Ausbreitung des Süßungsmittels, denn in der Folge etablierten die Araber die Zuckerrohrproduktion in den von ihnen eroberten Ländern, wozu Nordafrika, Sizilien und Spanien gehörten.

Auch wenn das Zuckerrohr nun in vielen Regionen der Welt angebaut wurde, blieb die Produktion begrenzt, sodass Zucker bis ins Mittelalter sehr teuer war. Vor allem die Spanier und die Portugiesen waren bestrebt, die Produktion einer so teuren Pflanze anzukurbeln, und suchten nach neuen Anbaugebieten. So nahm Christoph Kolumbus 1493 auf seiner zweiten Fahrt in die Neue Welt Zuckerrohrpflanzen mit in die Karibik, deren Inseln sich für den Anbau von Zuckerrohr als perfekt erwiesen, da sie ideale Bedingungen für die Pflanze boten.

Die Westindischen Inseln wurden rasch kolonisiert und zum Zentrum der Zuckerproduktion der Welt. Briten, Franzosen und Niederländer begannen in Brasilien, Kuba, Mexiko und in der Karibik Zuckerrohr anzubauen. Anfangs wurden dazu Arbeiter aus den jeweiligen Ländern eingesetzt, bald aber Sklaven aus Afrika. Im 18. Jahrhundert war das Geschäft mit dem Rohrzucker so lukrativ, dass man ihn auch als »weißes Gold« bezeichnete.

Die Alleinherrschaft des Rohrzuckers ging in Europa mit den Napoleonischen Kriegen zu Ende. Damals verhinderten Blockaden die Einfuhr des Zuckers, was in Europa den Anbau von Zuckerrüben förderte. 1747 war es Andreas Marggraf gelungen, aus ihnen Zucker zu extrahieren, und da die Zuckerrübe in Europa bestens gedieh (und das Ende der Sklaverei die Rohrzuckergewinnung behinderte), herrschte bald der Rübenzucker vor. Im Ersten Weltkrieg wurde er aufgrund der Importschwierigkeiten noch bedeutender, sodass er bald in großindustriellem Maßstab produziert wurde. Heute stammen etwa 30 % der Zuckerproduktion in der Welt von Zuckerrüben.

Frisches Zuckerrohr

Von der Pflanze zum Zucker

Die Herstellung von Rohrzucker ist ein komplizierter Prozess. Die harten, faserigen Rohrstängel werden zerquetscht, um rohen Sirup zu gewinnen, der dann gekocht wird. Der kristallisierte Sirup wird in Zentrifugen in Rohzucker und Melasse getrennt. Ersterer, eine feucht-klebrige, dunkelbraune Masse, wird als Muscovado verkauft. Wird der Rohzucker raffiniert, entsteht hellbrauner Zucker (Demerara) und zuletzt weißer Kristallzucker. Alle diese Sorten besitzen aufgrund des unterschiedlichen Gehalts an Melasse, Mineralien etc. eine andere Textur und einen anderen Geschmack und werden unterschiedlich verwendet. Zuckerrüben werden auf ähnliche Art raffiniert, aus ihnen wird jedoch fast nur weißer Zucker hergestellt; brauner Rübenzucker enthält noch Karamellisierungsprodukte.

Konfekt aus Zucker

Die ersten Süßigkeiten waren wahrscheinlich mit Honig überzogene Nüsse, Samen oder Beeren. Schon um 3000 v. Chr. genoss man eine Leckerei mit Sesam ähnlich dem Halwa; in den alten Kulturen Chinas, des Mittelmeerraums und des Nahen Ostens gab es Versionen mit Nüssen, Grieß und getrockneten Früchten. Schließlich ersetzte Zucker den Honig; zu den Zutaten kam Eiweiß hinzu, und es entstand weißer Nougat. Meist konnten sich nur Wohlhabende diese Leckereien leisten. Heute hat fast jede Gegend der Welt ihre eigene Nougatspezialität. Der iranische Nougat »gaz« enthält Pistazien und wird mit Rosenwasser aromatisiert, eine chinesische Sorte mit Erdnüssen wird in Reispapier verpackt. In Italien heißt der Nougat »torrone«, in Spanien »turrón«, beide werden mit Mandeln hergestellt. Die australische Version enthält Macadamias.

Im 1. Jahrhundert wurden Süßigkeiten am Ende einer üppigen Mahlzeit oder eines Banketts als Nachtisch gereicht, und um 700 war es üblich, den Geschmack einer Medizin mit Süßungsmitteln oder einem süßen Überzug zu überdecken. Noch heute werden Tabletten in eine zuckrige Schicht gehüllt.

Marzipan, eine formbare Paste aus Zucker und Mandeln, hat seinen Ursprung in Ägypten und erlangte in Europa im 13. Jahrhundert Bedeutung. Bei mittelalterlichen Festen wurden aus gefärbtem Marzipan kunstvolle Szenen geformt, um den Gastgeber zu ehren oder besondere Situationen in Erinnerung zu rufen. Heute wird Marzipan oft in Form von Früchten oder anderen Dingen dargeboten und dient so bei Festen zur Dekoration wie als schmackhafte Leckerei.

In der Renaissance wurde Zucker erschwinglicher, das Konditorenhandwerk stieg zu einer Kunstform auf, die prächtige Werke wie Kirchen und Schlösser hervorbrachte, manchmal mit Blattgold überzogen. Höflinge und Bürger delektierten sich gleichermaßen an kandierten Früchten und Fruchtschalen. Noch heute ist frische Zitrusschale, in Sirup gekocht und in Zucker gehüllt, eine beliebte Leckerei. Die Franzosen kandieren frische Früchte in einem Prozess, der bis zu einer Woche dauern kann. Das Ergebnis trägt den Namen »fruits nobles«.

In vielen Kulturen sind Gelees beliebt, die aus Fruchtsaft oder -püree hergestellt und mit Früchten und

Links Der Besuch eines Süßwarenladens war einst ein Luxus, der den Wohlhabenden vorbehalten war, wie dieses Bild von 1827 zeigt.

Unten Süßigkeiten gehörten seit je zu Festen, vor allem zu Weihnachten, wie hier auf einer deutschen Postkarte aus dem 19. Jahrhundert.

Oben Durch Raffination entstehen verschiedene Zuckersorten, zum Beispiel brauner Demerara-Zucker.

Blütenessenzen verfeinert werden. Der süße türkische Lokum datiert ins 15. Jahrhundert. Ein kroatisches Quittengelee heißt »kotonjata«, die spanische Version »membrillo« wird meist zu Käse serviert.

Von billigen Bonbons zu kostbaren Zuckerwaren

Süßwarenläden haben in den Herzen aller Menschen einen besonderen Platz, und die Kaufwünsche früherer Zeiten, wie »Karamellen für zehn Pfennig«, rufen noch immer angenehme Gefühle hervor. Von altmodischen Geschäften, die Karamellbonbons und Pfefferminzstangen feilhalten, bis zu den Riesenläden moderner Großstädte – wie Dylan's Candy Bar in New York, die über 5000 Sorten offeriert –, der Duft all der Süßigkeiten in Formen und Geschmacksrichtungen aller Art kann sogar disziplinierte Diäthalter in Versuchung bringen.

Als Kind erschien einem die Auswahl in einem Süßwarenladen – Lutscher, Gummibärchen, Pfefferminzbonbons, Sahnekaramellen und Fruchtgummis, die in allen Farben leuchteten – endlos. Dieses Erlebnis ist für so manchen Erwachsenen immer noch aufregend. In Nostalgie versunken, kann man Klassiker wie Lakritze, Brausepulver oder Fruchtdrops wählen, oder man verwöhnt den erwachsenen Gaumen mit schmelzendem Nougat oder bunten kandierten Früchten.

Süßigkeiten sind heute genauso beliebt wie zu allen Zeiten, und neben den zahllosen Angeboten der großen Hersteller gibt es viele Retro-Süßwarenläden, sowohl im Internet als auch in großen und kleinen Städten. Süßigkeiten selber zu machen erlebt ein Comeback – viele wollen heute wieder lernen, was ihre Vorfahren konnten. Karamell-Arten wie Fudge und Toffee sind besonders beliebt, und es gibt sie in unzähligen Varianten;

Traditionelle Süßwarenläden sind für Kinder und Erwachsene heute noch genauso aufregend wie früher.

aber genauso einfach ist die Herstellung von harten Bonbons, Marzipankonfekt, Lakritze, Baiser und vielem mehr.

Süßes in der Kunst

Seit Jahrhunderten spielen süße Leckereien eine Rolle in Literatur, Film, Musik, Lied und Tanz, von Milton und Shakespeare bis zu Roald Dahls Kinderbüchern. Als einer der Ersten besang der britische Dichter George Herbert (1593–1633) das Zuckerrohr: »Herrlich verzaubernde Sprache, Zuckerrohr, Honig der Rosen, wohin fliegst du?« Eines der berühmtesten Bühnenstücke rund um Süßes ist das Ballett »Der Nussknacker«. Darin besucht die junge Klara im Traum das Reich der Süßigkeiten. Sie und ihr Prinz (der vorher ein Nussknacker war) treffen die Zuckerfee, die eine Krone aus Zucker und einen Rock aus Zuckerwatte trägt. Zu ihrem Gefolge gehören Tänzer und Tänzerinnen, die als Zuckerstangen, Bonbons, Karamell-

»Charlie und die Schokoladenfabrik« spielt in einer verschwenderischen Welt aus Schokolade und Süßigkeiten.

Clowns, Marzipanschäfer und -schäferinnen kostümiert sind. Ein Erlebnis für jedes Kind.

In jüngerer Zeit wurden das Buch »Charlie und die Schokoladenfabrik« von Roald Dahl und die auf ihm basierenden Filme zum Kult mit Kaugummikauenden bösen Mädchen und eingebildeten Jungen. Darin fließt ein Schokoladenfluss durch einen skurrilen Süßwarenkosmos, in dem alles essbar ist. Die Geschichte von Charlie Bucket und der goldenen Eintrittskarte ist für alle Liebhaber von Süßem verlockend und gleichzeitig eine Warnung. Die Lieder der Oompa Loompas fordern zur Mäßigung auf, aber sonst ist in Willy Wonkas Schokoladenwelt alles von verschwenderischer Üppigkeit.

Eine ähnlich eindrucksvolle Rolle spielen Süßigkeiten in den Harry-Potter-Büchern und -Filmen. Der Laden »Honigtopf« hält ein Sortiment magischer Leckereien bereit, wie »Zischende Wissbies«, die den, der sie lutscht, schweben lassen, und »Bertie Botts Bohnen jeder Geschmacksrichtung«, die nach Apfel, Himbeere und Vanillepudding schmecken können, aber auch nach Seife, Salz, Sand oder Sardine.

Aus der Geschichte der Schokolade

Schokolade, die ursprünglich bei religiösen Ritualen eingesetzt wurde, hatte eine wechselhafte Geschichte. Die Bewohner des alten Mittelamerikas hielten sie für ein Geschenk der Götter. Schokolade blieb durch alle Zeiten geschätzt, sie diente als Zahlungsmittel, Zaubertrank und Heilmittel, als wertvolles Nahrungsmittel und zur Herstellung von Liebestränken. Kaum zu bezweifeln ist ihre Fähigkeit, die Stimmung zu verbessern und Trost zu spenden. Auch heute ist Schokolade eine der beliebtesten Süßwaren, sowohl für ambitionierte Hobby-Chocolatiers als auch für »Nur«-Gourmets.

Viele Sorten Schokolade sind auf dem Markt, von bitterer Kuvertüre und Tafeln mit hohem Kakaoanteil bis zu sahnig schmelzenden Arten. Jede hat ihre besonderen Eigenschaften, die über ihre Verwendung entscheiden.

Der Ursprung der Schokolade in Mittelamerika

Der früheste Hinweis auf die Existenz von Kakaosamen, Hauptzutat der Schokolade, stammt aus dem Amazonas-Gebiet und ist Tausende Jahre alt. Die Kakaobohne gehörte zur Nahrung mittelamerikanischer Zivilisationen wie Olmeken, Maya, Tolteken und Azteken, die zwischen dem heutigen Zentralmexiko und Nicaragua lebten. Die Kakaobäume wuchsen wild in den Regenwäldern, wurden aber wahrscheinlich bereits 600 v. Chr. kultiviert. Nach alter Überlieferung waren die Samen des »cacahuatl« ein Geschenk des Schöpfergottes Quetzalcoatl an das Volk der Tolteken. Quetzalcoatl, meist als gefiederte Schlange dargestellt, war auch der »gute Gott des Gartens«.

Das süße Fruchtfleisch war wahrscheinlich der erste Teil der Pflanze, den man verzehrt hat. Als dann wilde Hefepilze in der Luft die Zucker im Fruchtfleisch in Alkohol verwandelten, wurde diese vergorene Art des Kakaos als eine Art Schokoladenbier getrunken.

Auch die Samen veränderten sich bei der Fermentation, sie entwickelten einen starken herben bis bitteren Geschmack. Beim Rösten gaben sie einen angenehmen Duft ab, was die Tolteken wohl auf weitere Ideen brachte. Man zerrieb die

Auf diesem im 16. Jahrhundert entstandenen Bild aus dem Codex Tudela bereitet ein Ureinwohner Mexikos Schokolade zu.

Bohnen in einem Mörser und mischte sie mit Vanille, Pfeffer und Gewürzen zu »xocolatl« (»bitteres Wasser«), dem kalten Vorläufer des heutigen Getränks, das wir als heiße Schokolade kennen.

Wie der Ursprung der Kakaos auch ausgesehen haben mag, die Pflanze war ein geschätzter Talisman. Sie symbolisierte Macht und gesellschaftlichen Rang und war den höchsten Mitgliedern eines Stammes vorbehalten. In religiösen Zeremonien wurde der Trunk als Opfergabe eingesetzt, Zeichnungen auf Gefäßen aus dieser frühen Zeit zeigen Könige und Götter, die Schokolade trinken. Dem Kakao wurden medizinische und aphrodisische Wirkungen nachgesagt, die Azteken verwandten die unscheinbaren Bohnen als Zahlungsmittel.

Europa entdeckt die Schokolade

Kakaobohnen wurden entlang der mesoamerikanischen Handelsrouten verbreitet. In Europa kannte man die Vorzüge dieser Pflanze nicht, bis Christoph Kolumbus 1502 einige Bohnen als Souvenir an den spanischen Hof mitbrachte.

Neben den anderen geraubten Schätzen wurden die Bohnen jedoch kaum beachtet. Das änderte sich, als 1512 der Aztekenkönig Moctezuma II. dem Eroberer Hernán Cortés, den er für die Reinkarnation des Gottes Quetzalcoatl hielt, einen Schokoladentrunk darbot. Die Behandlung, die Cortés den Ureinwohnern in der Folge zukommen ließ, war allerdings alles andere als göttlich. Er unterwarf sie und forderte die begehrten Bohnen für sich und für Spanien. Fasziniert von dem belebenden und kräftigenden Effekt, den der Kakao auf seine Soldaten hatte, bezeichnete Cortés ihn als einen »Göttertrank, der die Widerstandskraft stärkt und die Müdigkeit bekämpft. Eine Tasse dieses wertvollen Getränks lässt einen Mann den ganzen Tag ohne Essen marschieren.«

Als Cortés mit Mais, Vanille, Tomaten, Kartoffeln und Kakaosamen nach Spanien zurückgekehrt war, stellte sich heraus, dass das kräftigende Schokoladengetränk dem Hof zu herb war. Doch dieses Problem löste man, indem man zu den gemahlenen Bohnen Zucker und Vanille hinzufügte, woraufhin das Kakaogetränk überaus beliebt wurde. Allerdings war es dem Königshaus vorbehalten, denn die Bohnen waren rar und die Zubereitung der Schokolade ein komplizierter Prozess. Etwa 100 Jahre blieb die schmackhafte Beute der spanischen Aristokratie vorbehalten, bis im 17. Jahrhundert ein italienischer Händler von seinen Fahrten nach Spanien und auf die Westindischen Inseln Kakaobohnen nach Hause brachte. Nun wurde auch in Italien ein Schokoladengetränk kreiert, und der Grundstein zur italienischen Schokoladenherstellung mit Zentrum in Turin war gelegt.

Von Italien aus verbreitete sich das Schokoladenfieber in ganz Europa. Die neue Leidenschaft für das heiße Getränk ließ auch die Nachfrage nach Zucker steigen. Die Europäer legten in ihren Kolonien Kakaoplantagen an, die Briten in Ceylon, die Franzosen auf den Westindischen Inseln und die Niederländer auf Java und Sumatra.

Im 16. Jahrhundert wurden Kakaoplantagen zu einem höchst profitablen Geschäft. Dieses Bild zeigt eine Plantage auf der Insel Grenada.

Trinkschokolade verbreitete sich in Europa im 17. Jahrhundert. Das *Schokoladenmädchen* wurde 1754/1755 in der Schweiz gemalt.

Die Schokoladenrevolution

Bis zur Industrialisierung ab Mitte des 18. Jahrhunderts war Schokolade nur ein Getränk. Doch dann ermöglichten neue Maschinen und Techniken die Massenproduktion von Schokolade, zunächst in England, dann auch im übrigen Europa. Dies senkte die Herstellungskosten, wodurch sich auch die Allgemeinheit diese Delikatesse leisten konnte.

Die Namen vieler Männer, die die Schokoladenindustrie revolutionierten und große Unternehmen gründeten, sind uns noch heute vertraut. Zu ihnen gehörte Coenraad van Houten, ein niederländischer Chemiker, der 1828 die Kakaopresse erfand und sich eine Maschine patentieren ließ, die eine bessere Trennung der Kakaobutter von der Kakaomasse ermöglichte. Und er fügte der Kakaomasse Alkalisalze hinzu, sodass sie sich besser mit anderen Substanzen mischte. Dieses Verfahren, »Dutching« genannt, verleiht dem Kakao eine dunklere Farbe und einen milderen Geschmack, als Nebenprodukt entsteht Kakaobutter.

Diese Entdeckung war entscheidend für die Entwicklung fester Schokoladentafeln. 1847 gelang es Joseph Fry, der einer englischen Quäkerfamilie entstammte, Kakaobutter mit Kakaomasse und Zucker zu einer Paste zu vermischen und in feste Form zu bringen, die man essen konnte, ohne dass sie mit Wasser gekocht werden musste. Frys Unternehmen gehörte bald zu den größten Schokoladeherstellern, bis es sich im frühen 20. Jahrhundert mit Cadbury zusammenschloss.

Im selben Zeitraum experimentierte auch John Cadbury in Birmingham mit dem Rösten und Mahlen von Kakaobohnen zur Herstellung von Schokolade. 1868 verkaufte seine Firma als erste Schokolade in Schachteln, die mit romantischen Illustrationen geschmückt waren. 1879 verlegte Cadbury den Sitz nach Bournville, einem Vorort von Birmingham. Dort ließ Cadbury eine Fabrik und ein Modelldorf für seine Arbeiter bauen. Laut seiner Ururenkelin Felicity London gründete dieses Projekt auf der Idee, dass »niemand dort arbeiten oder leben sollte, wo keine Rose wachsen kann«. Heute ist Cadbury (die Firma gehört heute zum US-Konzern Kraft) einer der größten Süßwarenproduzenten der Welt.

Der andere große britische Schokoladenhersteller dieser Zeit war Rowntree, dessen Produkte mit denen von Fry und Cadbury konkurrierten, bis Rowntree 1988 von Nestlé gekauft wurde.

Obwohl es drei große britische Hersteller gab, war im ganzen 19. Jahrhundert die Schokoladenindustrie von der Schweiz dominiert. Den Ruf als erster Schokoladenhersteller verdankt die Schweiz einem Erfindertrio: Henri Nestlé, der 1867 ein Verfahren entwickelte, um Milch zu konzentrieren; Daniel Peter, der mit Nestlé zusammenarbeitete und die gesüßte Kondensmilch mit Kakao zur ersten Tafel Milchschokolade verband; Rudolphe Lindt, der 1879 die Conchiermaschine erfand, in der der Schokoladenbrei fein gerieben und homogenisiert wird.

In den USA wurde Milton Hershey mit Schokolade erfolgreich. Als Karamellfabrikant besuchte er 1893 die World Columbian Exposition in Chicago. Die dort ausgestellten deutschen Maschinen zur Schokoladenherstellung beeindruckten ihn so sehr, dass er beschloss, seinen unternehmerischen Kurs zu ändern. »Karamell ist nur eine Modeerscheinung«, soll er gesagt haben; »Schokolade ist eine dauerhafte Sache.« Seine Fabrik in Pennsylvania stand in der Nähe von Bauernhöfen, die die Milch für seine Schokolade lieferten. Hershey lieferte in den Weltkriegen für die US-Soldaten Schokolade, allein im Zweiten Weltkrieg stellte er mehr als eine Milliarde Tafeln her. Heute ist Hershey der führende Schokoladenhersteller in Nordamerika.

Die Farbe der reifen Kakaoschoten, die zweimal im Jahr geerntet werden, variiert von Rot über Grün und Gelb bis Dunkelviolett.

Die Herstellung von Schokolade

Die Herstellung von Schokolade ist aufwendig. Erst drei bis fünf Jahre nach der Pflanzung tragen Kakaobäume zum ersten Mal Früchte. Arbeiter hacken die Schoten mit Macheten von den Bäumen und schneiden sie auf. Zum Vorschein kommen die Samen, die in ein süßes weißes Fruchtfleisch eingebettet sind. Samen und Fruchtfleisch werden herausgelöst und meist etwa eine Woche zum Fermentieren ausgelegt.

In dieser Zeit verwandeln in der Luft vorhandene Hefen den Zucker im Fruchtfleisch in Alkohol und brechen die Samen auf, wobei Enzyme aktiviert werden und sich das Aroma der Bohne entwickelt. Schokolade höchster Qualität ist immer aus sorgfältig fermentierten Bohnen hergestellt. Als Nächstes müssen die Bohnen getrocknet werden, was meist auf Gestellen in der Sonne geschieht. Dann folgt die Auswahl der Bohnen durch Kakaohändler oder die Einkäufer kleiner Schokoladenmanufakturen; sie kaufen die Bohnen einer einzigen Plantage oder eine Mischung von Sorten, die in die Schokoladenfabriken der Welt transportiert werden.

In den Fabriken werden die Samen geröstet, dann werden die Bohnen aufgebrochen und die Schalen entfernt, um

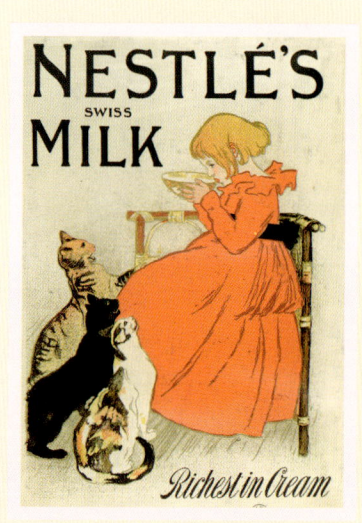

Links Cadbury verkaufte im späten 19. Jahrhundert als erster Hersteller Schokolade in Schachteln.

Rechts Nestlé war der führende Schokoladenfabrikant im 19. Jahrhundert, er stellte die erste Milchschokolade her.

Milton Hershey gründete die führende US-amerikanische Schokoladenmarke.

Kleine Manufakturen stellen eine Vielfalt wunderbaren Schokoladenkonfekts her.

die Kerne, die »Essenz« der Bohne, herauszulösen. Diese werden zerkleinert und zu einer Paste zermahlen, von der durch weitere Pressung die Kakaobutter abgetrennt werden kann. Die übrige feste Masse wird zu Kakaopulver zermahlen.

Die Hersteller kombinieren Kakaomasse, Kakaobutter und Zucker und eventuell Milch und Sahne auf vielfältigste Art, um unterschiedliche Schokoladensorten zu erhalten. Die Mischung wird dann noch conchiert, d. h. stundenlang von einer Maschine mit rotierenden Walzen bearbeitet, wobei Feuchtigkeit und flüchtige Säuren entweichen. Der letzte Schritt ist das Temperieren der Schokolade, um ihr die gewünschte Konsistenz und Glanz zu verleihen.

Schokoladenmanufakturen

Trotz der riesigen Auswahl, die große Hersteller bieten, wächst das Interesse an handwerklich erzeugten Produkten. Diese kommen von einer jungen Generation innovativer Chocolatiers, die die Schokoladenproduktion eher als Kunst ansehen. Das ist natürlich nicht neu. Bevor die Schokoladenfirmen sich zu internationalen Unternehmen entwickelten, wurde Schokolade in kleinen Mengen von Hand hergestellt. So kreieren Chocolatiers wieder einzigartige Sorten und Pralinen in kleinen Chargen, wobei sie häufig alte Geräte einsetzen. Sie fertigen Schokolade auf dieselbe Art, auf die ein Winzer einen erlesenen Wein herstellt oder ein Röster einen feinen Kaffee: unter Beachtung jedes Details, sorgfältiger Auswahl der Zutaten und immer auf der Suche nach etwas Besonderem.

Schokolade und Ostern

Seit Jahrhunderten werden Eier mit dem christlichen Osterfest verbunden. Das Ei ist ein heidnisches Symbol für neues Leben und Wiedergeburt, das von den frühen Christen übernommen wurde. Zu der Tradition, Hühnereier zu bemalen, kam die moderne Variante der Schokoladeneier hinzu. Ostereier suchen ist für Kinder ein unsterblicher Brauch.

Selbstgemachte Pralinen

Warum sollte man Schokoladenkonfekt selbst herstellen, wo es doch so viele hervorragende Produkte zu kaufen gibt? Zugegeben, die eigene Herstellung ist eine kleine Herausforderung. Genaues Timing und exaktes Arbeiten sind für das Gelingen erlesenen Konfekts entscheidend. Auch die Qualität der (manchmal teuren) Zutaten spielt eine große Rolle.

Die größte Motivation ist das befriedigende Gefühl, wenn man selbstgemachte, perfekte Schokoladenförmchen mit den ersten Himbeeren der Saison füllt oder das reine Aroma eines halbflüssigen Schokoladentörtchens genießt, das unendlich besser schmeckt als alles, was man kaufen kann. Ein Teller mit selbstgemachten Trüffeln, mit einer nach Jasmintee duftenden Füllung, ist ein Zeichen, das mehr sagt als die gekaufte Schachtel edelster Pralinen.

Wenn sich in Ihrer Küche der unwiderstehliche Duft warmer Schokolade ausbreitet, wenn Sie entdecken, was funktioniert und was nicht, wenn Sie schließlich die Früchte Ihrer Arbeit kosten, ist das ganz bestimmt Zeit und Geld wert. Wie schon Milton Hershey sagte, »Schokolade ist eine bleibende Sache«, und so ist sie weiterhin ein Genuss für Menschen jeden Alters in der ganzen Welt.

Zutaten für die Konfektherstellung

Der größte Vorteil der eigenen Herstellung von Bonbons und Pralinen besteht darin, dass Sie die Zutaten bestimmen, und die gibt es in verführerischer Auswahl. Die meisten in diesem Buch verwendeten Zutaten werden Sie in den Geschäften erhalten, in denen Sie normalerweise einkaufen (oder sie finden sich sogar schon in Ihrem Vorrat), einige wenige gibt es nur in Spezialitätenläden oder über den Internetversand. Es lohnt sich aber auf jeden Fall, diese weniger bekannten Zutaten ausfindig zu machen, denn damit wird das Spektrum an Leckereien, die Sie herstellen können, fast endlos.

Zucker

Es gibt verschiedene Zuckerarten, und es ist sehr wichtig, den richtigen Zucker zu wählen. **Puderzucker** ist am besten geeignet, wenn die Konsistenz sehr fein sein soll, während feiner weißer Zucker zum Backen von Süßigkeiten und Biskuits richtig ist. **Kristallzucker** hat größere Kristalle als **Feinzucker**; der noch grobkörnigere **Einmachzucker** ergibt einen schönen klaren Sirup, um Früchte zu kandieren oder Fruchtpasten zuzubereiten. **Bio-Zucker** ist meist weniger stark raffiniert und hat eine hell- bis dunkelbraune Farbe. Braunen Zucker gibt es u. a. als **Demerara** (Rohrohrzucker), der Süßigkeiten eine dunklere Färbung und intensivere Aromen verleiht, bis zu **dunkelbraunem Zucker**, der durch seinen hohen Gehalt an Melasse feucht und weich ist.

Andere Süßungsmittel

Melasse – nicht mit Zuckerrübensirup verwechseln – enthält Eisen und andere Mineralien und schmeckt köstlich. Sie ist u. a. Bestandteil der schwarzen Lakritze. **Golden Syrup** aus Zuckerrohr hat eine schöne Bernsteinfarbe und einen ausgeprägten Geschmack. Für bestimmte Zuckerarbeiten ist **Glukosesirup** erforderlich, der aus Stärke gewonnen wird.

Honig hat eine große Aromenbreite von leicht und süß bis zu dunkel und herb. Sein Geschmack hängt von den Blüten ab, aus denen die Bienen den Nektar saugen. Lavendel- und Heidehonig sind zart und mild, während Berg-, Kastanien- und Waldhonig einen intensiven, unverwechselbaren Geschmack haben.

Ahornsirup ist ein teures Süßungsmittel, das man gewinnt, indem man den Saft des Ahornbaums auffängt und durch Wasserentzug zu Sirup eindickt. Sparsam dosiert, ist Ahornsirup seinen Preis wert – er hat einen unvergleichlichen, sehr aromatischen Geschmack.

Reichhaltige Vollmilch verwendet man u. a. für diverse Sorten Karamellkonfekt wie Fudge und schottisches Tablet.

Milch und Sahne

Vollmilch ist für Süßigkeiten und Kuchen immer die beste Wahl, da der hohe Fettgehalt für glatte Textur und reiches Aroma sorgt. **Kondensmilch** hat einen einzigartigen, liebenswert altmodischen Geschmack, der besonders gut zu Fudge passt, während **gezuckerte Kondensmilch** schon einen guten Anteil Zucker enthält und sich gut für Lakritze eignet.

Normale **Sahne** (30 % Fett) kann anstatt Milch verwendet werden. Für die Herstellung von cremigen, verführerischen Fudges oder für eine Ganache (dicke Creme aus Schokolade und Sahne) ist Sahne geeignet,

Dunkelbraunen Zucker macht die enthaltene Melasse feucht und weich und gibt ihm einen intensiven Geschmack.

Golden Syrup ist dickflüssig, klebrig und sehr süß und hat eine schöne, goldene Farbe.

feiner und üppiger wird sie mit **Crème double** (42 % Fett).

Fett

Unverzichtbar ist **Butter**. In einigen Rezepten wird geklärte Butter verwendet, die man selbst herstellen kann; leichter nimmt man das (recht teure) **Butterschmalz** (Butterreinfett). Öl, das für die Herstellung von Süßigkeiten verwendet wir, sollte möglichst geschmacklos sein. Traubenkernöl ist die beste Wahl, gefolgt von Erdnuss- und Sonnenblumenöl.

Eier

Eier sollten möglichst Freilandeier und frisch sein. Wenn Sie die Eier im Kühlschrank aufbewahren, nehmen Sie sie eine Stunde vor der Verarbeitung heraus oder erwärmen Sie sie in lauwarmem Wasser. Beim Schlagen von **Eiweiß** immer darauf achten, dass das Gefäß sauber (fettfrei) und trocken ist.

Gelatine verwendet man für weiche Süßigkeiten wie Geleebonbons.

Mehl

Weizenmehl Type 405 ist ein fein gemahlenes Mehl aus Weichweizen, ideal für zarte Umhüllungen für Schokoladenschiffchen, klassische Schokoladenbrownies oder feinstes Gebäck wie Tuiles.

Trieb- und Verdickungsmittel

Backpulver lässt Kuchen und Konfektmassen zu größerem Volumen aufgehen. Es besteht aus Natriumhydrogencarbonat (Natron), einer Säure (z. B. Zitronensäure) und sauren Salzen (z. B. Dinatriumdiphosphat). Weinstein gibt auch steifgeschlagenem Eiweiß mehr Volumen und Stand, sodass es nicht so schnell zusammenfällt.

Gelatine ist ein klares Geliermittel, das Gelees, Marshmallows und Gummidrops Stand, Form und Glanz verleiht. Gelatine ist ein tierisches Produkt und daher für Vegetarier nicht geeignet. Es gibt aber inzwischen viele vegetarische Alternativen, z. B. Agar-Agar und Carrageen, die beide aus Algen gewonnen werden.

Früchte

Große Früchte wie Äpfel, Birnen und Quitten eignen sich perfekt für das Ein-

---

Fondant

Dieses Grundrezept aus Zucker und Wasser wird in vielen Konfekt- und Pralinenrezepten verwendet. Bereiten Sie es einen Tag vor der Verwendung zu.

Für etwa 400 g Fondant
400 g feiner Zucker und 150 ml Wasser

1 Eine Marmorplatte, einen Metallschaber und einen Holzspatel mit kaltem Wasser anfeuchten. Eiswasserbad aus möglichst kaltem Wasser und Eiswürfeln vorbereiten.
2 Zucker und Wasser in einem großen, schweren Topf verrühren und erhitzen, bis der Zucker sich auflöst. Zum Kochen bringen, dann Hitze reduzieren und zum starken Flug (114 °C) kochen.
3 Topf kurz in das Eiswasserbad stellen. Den Sirup auf die Marmorplatte gießen und 3 Minuten auskühlen lassen.
4 Mit dem feuchten Metallschaber die Ränder der Sirupmasse immer wieder in die Mitte einschlagen, bis die Mischung zu glänzen beginnt.
5 Mit dem Holzspatel den Sirup in Form einer Acht 10 Minuten lang bearbeiten, bis der Fondant dick und undurchsichtig ist.
6 Den Fondant zunächst mit dem Metallschaber, dann mit feuchten Händen etwa 10 Minuten bearbeiten und kneten, bis alle Klumpen entfernt und die Masse schön glatt ist.
7 Eine Schüssel mit Wasser befeuchten und den Fondant hineinlegen. Mit einem feuchten, sauberen Geschirrtuch abdecken und den Fondant im Kühlschrank über Nacht ruhen lassen (mindestens 12 Stunden).

kochen zu einer konzentrierten Paste. Durch ihr kompaktes Fleisch und ihren hohen natürlichen Pektingehalt werden sie mit wenig Zucker gut fest. **Kleinere Steinfrüchte** wie Aprikosen und Kirschen lassen sich bestens als Gelee oder Marmelade für eine spätere Verwendung konservieren. **Beeren** kann man zu intensiv aromatischen Pürees verarbeiten und verwenden, um Süßigkeiten Geschmack und Farbe zu geben, man kann sie auch unter die Schlagsahne heben.

Zitrusfrüchte geben Süßigkeiten und Pralinen etwas Frisches, Spritziges. Kandierte Zitrusschale ist eine vielseitige Zutat; dafür eignen sich etwa Orangen, Mandarinen, Zitronen und Grapefruits aus biologischem Anbau. In Schokolade getaucht sind sie alle eine Köstlichkeit.

Frische **Datteln** haben ein weiches, süßes Fleisch, das nach Karamell schmeckt. Eine edle Füllung, etwa Marzipan mit feingehackter kandierter Orangenschale, gibt ihnen einen festlichen Touch. **Trockenobst**, zum Beispiel Korinthen, Sultaninen, Rosinen, Aprikosen, Sauerkirschen und Feigen, wird für viele Arten Süßigkeiten als aromatische Zutat verwendet.

Nüsse und Samen

Alle Arten von Nüssen eignen sich gut für Süßigkeiten, von gerösteten oder gemahlenen **Mandeln** (Grundlage für viele alte Rezepte) über **Pekannüsse**, **Walnüsse**, **Macadamias** bis zu den grünen **Pistazien**. **Haselnüsse** sind Bestandteil vieler Pralinen und sollten geröstet werden, um den Geschmack zu intensivieren. **Sesam**, ein wertvolles Nahrungsmittel, passt perfekt zu Honig. Den zarten Geschmack von **Pinienkernen** fängt man in Keksen und Krokant ein, während **Erdnüsse** klassisch mit Schokolade kombiniert verwendet werden.

Kokosnüsse

Die Steinfrüchte der Kokospalmen haben ein sehr festes Fleisch, das frisch geraspelt oder getrocknet verwendet werden kann, um Süßigkeiten Struktur und Geschmack zu verleihen. Ihr Öl gibt Schokolade einen samtigen Schmelz.

Aromastoffe

Das in Süßigkeiten am häufigsten verwendete Aroma ist **Vanille**. Das Mark der Vanilleschoten enthält Tausende winzige Samen; oft lässt man es mit den ausgekratzten Schoten in heißer Milch oder Sahne ziehen. Bei Vanilleextrakt achten Sie auf ein hochwertiges Produkt, das den vollen Geschmack bietet.

Rosenwasser und **Orangenblütenwasser** sollte man sparsam einsetzen, da sie leicht dominieren können. Die Sirupform, z. B. **Rosen-** oder **Veilchensirup**, ist bereits gezuckert und geschmacksintensiver.

Zum Kochen wird **Alkohol** verwendet, den man trinken kann. Für die Konfektherstellung können alle Arten Likör verwendet werden. Champagner ist eine wunderbare Zutat; die diversen anderen Schaumweine wie Prosecco und Cava sind preiswerter und schmecken köstlich.

Kaffeebohnen sollten frisch geröstet und ungemahlen gekauft werden. Der Geschmack ist besser, wenn Sie die Bohnen nach Bedarf mahlen. **Getrocknete Gewürze** wie Anis halten sich nicht ewig, kaufen Sie kleine Mengen, die Sie rasch verbrauchen; Sie werden mit intensivem Aroma belohnt.

Ein feines **Salz** ist für jeden Teig unerlässlich. Wenn es ums Dekorieren oder einen interessanten Salzgeschmack geht, kann man auf eine große Auswahl zurückgreifen. Ein gutes Salz vollendet Lakritze, Karamell und Schokolade perfekt.

Erdnüsse sind eine leckere, protein- und fettreiche Grundlage für viele Süßigkeiten und Pralinen.

Aus frischen Früchten wie Clementinen kann man mit Wasser und Zucker kandierte Zitrusschale herstellen.

Vanilleschoten haben ein wunderbares Aroma. Ein guter Ersatz sind Vanilleextrakt und -zucker mit echter Vanille.

Dekor

Lebensmittelfarben findet man in allen Variationen. Flüssige Farben sind nicht so konzentriert wie Pasten oder Gele, sodass man mehr davon braucht; zu viel flüssige Farbe kann jedoch den Geschmack verderben. Mit **Farb- und Glanzpulvern** erzielt man attraktive Highlights. Verwenden Sie einen weichen Pinsel und klopfen Sie damit gegen Ihre Hand, um Ihr Naschwerk mit Glitzer zu bestäuben. All diese Dinge sind in gut sortierten Supermärkten oder übers Internet (Pralinendekor) zu bekommen. **Gold und Silber** als Pulver, Formen oder essbares Blattgold finden Sie in Spezialgeschäften für Künstlerbedarf. Den Staub können Sie auch mit Wodka vermischen und als dekadentes Finish auf Konfekt streichen.

Zuckerdekor gibt es in vielen Formen, Farben und Größen, zum Beispiel als bunte Perlen (Nonpareilles) und Streusel, Blumen, Figuren oder Silber- und Goldperlen. Mit einfarbigen oder Metallic-Streuseln können Sie Süßwaren einen aparten Touch verleihen.

Schokolade und Kakao

Kakaopulver und Schokolade sollten von bester Qualität sein. In guten Lebensmittelläden und im Internetversand bekommt man **Blockschokolade** und **Kuvertüren**, aber es gibt Schokolade auch in Form von Bohnen, Rauten, Pastillen oder Tropfen. Zum Temperieren muss Schokolade sehr klein gehackt werden.

Achten Sie darauf, die in den Rezepten angegebene Schokolade zu nehmen.

Blockschokolade ist sehr herb und wenig geeignet, um sie pur zu essen. **Bitterschokolade** ist eine Kombination aus Kakaomasse (ca. 55 %), Kakaobutter und Zucker, während **Zartbitterschokolade** im Allgemeinen 35 bis 55 % Kakaoanteile aufweist. **Vollmilchschokolade** sind etwa 10 % Milch oder Sahne zugesetzt, **weiße Schokolade** ist eine Kombination aus Kakaobutter, Zucker und Milch und enthält überhaupt keine Kakaomasse.

Kakaopulver hat pur einen ausgeprägt bitteren Geschmack. Wenn es Kuchen, Keksen und anderen Süßwaren mit Zucker beigemischt wird, wird die Bitterkeit gemindert. Kakaopulver ist eine edles, aromatisches Dekor, wenn es als Alternative zu Puderzucker auf Kuchen, Kekse und Trüffel gestäubt wird.

Schokolade temperieren

Beim Temperieren wird die Schokolade vorsichtig bis zu einer bestimmten Temperatur erhitzt und geschmolzen, dann lässt man sie abkühlen, bevor man sie wieder auf eine bestimmte Temperatur erhitzt. Dieses Verfahren macht die Schokolade glänzend und glatt.

Verschiedene Schokoladenarten erfordern verschiedene Temperaturen (siehe Tabelle). Die Verwendung eines Schokoladenthermometers ist unerlässlich, da es auch niedrige Temperaturen genau anzeigt.

Sorte	Erwärmen auf	Abkühlen auf	Wieder erwärmen auf
Dunkle (Bitter-) Schokolade	40–45 °C	27–28 °C	31–32 °C
Milchschokolade	32,5 °C	27–28 °C	30 °C
Weiße Schokolade	30,5 °C	27 °C	28 °C

1 Zwei Drittel der zerkleinerten Schokolade in eine Metallschüssel geben.
2 Schüssel über einen Topf mit leicht köchelndem Wasser stellen. Darauf achten, dass kein Wasser oder Dampf in die Schokolade kommt. Schokoladenthermometer einsetzen. Entsprechend der Tabelle erwärmen.
3 Wenn die Schokolade fast geschmolzen ist, die Schüssel vom Topf nehmen und auf ein Geschirrtuch stellen.
4 Die Schokolade mit einem Holzlöffel vorsichtig umrühren. Die restliche Schokolade nach und nach zugeben, bis die Stücke nicht mehr schmelzen.
5 Schokolade weiter abkühlen lassen wie in der Tabelle angegeben (ca. 10–15 Minuten).
6 Schüssel wieder auf den Topf setzen und Schokolade auf die dritte in der Tabelle angegebene Temperatur erhitzen.
7 Den weiteren Anleitungen im Rezept folgen.

Geräte für die Konfektherstellung

Sie können sich die Herstellung von Konfekt und Pralinen durch einige wichtige Küchengeräte sehr erleichtern. Bestimmt haben Sie eine Reihe dieser Geräte ohnehin schon, dann brauchen Sie nur noch ein paar besondere Dinge zu kaufen, wie für den Anfang einen Kupfertopf und ein gutes Zuckerthermometer. Auf den folgenden Seiten sind die praktischsten Werkzeuge beschrieben, die Sie brauchen, von Basisgeräten für die Küche wie Kellen und Spachteln bis zu Spezialgeräten für die kunstvolle Verzierung von Süßwaren wie Pinseln und Pralinengabeln.

Große Küchengeräte

Ein hochwertiger, massiver **Kupfertopf** mit schwerem Boden ist auf jeden Fall eine lohnende Investition; das Kupfer leitet Wärme hervorragend.

Eine **Marmorplatte** ist sehr nützlich für Fondants, Zuckerarbeiten und Toffee.

Unentbehrlich sind **Kuchen- und andere Formen** in allen Größen. Mit kleinen, dekorativen Metallförmchen können Sie Petits Fours herstellen oder auf Süßigkeiten dekorative Muster anbringen. Das beste Material ist Edelstahl, aber jedes andere schwere Metall tut es auch.

Eine Sammlung von **Stahlschüsseln** in verschiedenen Größen brauchen Sie, um Schokolade zu schmelzen, und für viele andere Arbeiten. Zu guter Letzt ist ein **Metallgitter** zum Abkühlen nötig. Wenn Sie ein feinmaschiges Gitter kaufen, taugt es auch als Pralinengitter.

Kleine Küchengeräte

Kellen und Spatel gehören zur unerlässlichen Grundausstattung. Eine **Kelle** hilft bei Prozeduren wie dem Gießen von Schokolade in Förmchen. Gummi-**Teigschaber** sind ideal, um Massen aus Schüsseln zu kratzen, und **Holzspatel** oder Holzlöffel nimmt man zum Rühren von heißem Sirup oder Nusskrokant, weil sie die Hitze nicht leiten.

Ein Schlagbesen ist hilfreich für die Pralinenherstellung, vor allem wenn die Rezepte Sahne oder Eiweiß enthalten.

Ein **Schneebesen** ist ideal, um kleine Mengen von Hand aufzuschlagen oder schmelzende Schokolade glattzurühren. Ein feinmaschiges **Sieb** brauchen Sie für das Abseihen von Aromazutaten und um Puderzucker oder Mehl durchzusieben.

Messbecher aus Glas oder Plastik gehören ebenfalls zur Grundausstattung, Messlöffel aus Metall, Keramik oder Plastik sind zum Abmessen kleiner Mengen hilfreich. Ein **Lineal** hilft dem Hobbykonditor, die Größe von Trüffeln, festen Pasten und Fudges genau zu markieren, bevor man sie für ein professionelles Ergebnis schneidet.

Schneidwerkzeug

Ein schweres, scharfes **Kochmesser** ist das beste Gerät, um harte Zutaten wie Schokolade und Nüsse zu zerkleinern, während ein langes Messer mit schmaler

Die Herstellung von Pralinen und Konfekt erfordert viele Geräte, aber gewiss haben Sie schon einige davon in Ihrer Küche, etwa Messbecher und Kuchenformen.

Papierförmchen sind leicht erhältlich und eine preiswerte und hübsche Dekoration.

Dekorationswerkzeug

Mit speziellen **Pralinengabeln** taucht man Ganache in temperierte Schokolade oder bringt auf Schokoladenüberzügen Muster an. Auch die feine Seite einer **Vierseitreibe** oder eine Muskatreibe eignen sich, um zum Beispiel in Marzipanfrüchte Muster zu drücken.

Malpinsel können für feines Dekor sehr nützlich sein. Mit Cocktailspießen und **Zahnstochern** kann man kleinste Mengen Lebensmittelfarbe für Pasten oder Gelee ihrem Behältnis entnehmen, denn diese Farben sind stark konzentriert, und schon eine kleine Menge erzielt großen Effekt. Man kann sich für diffizile Dekorarbeiten kleine **Spritzbeutel** aus Pergamentpapier machen, für die Verarbeitung größerer Mengen sind Einwegspritzbeutel aus Plastik oder beschichtete Stoffspritzbeutel mit diversen Tüllen unverzichtbar. Man kaufe unbedingt Profiqualität, die Spritzbeutel aus dem Haushaltswarenladen gehen schnell kaputt.

Formen und Papier

Glasklare **Pralinenformen** aus Plastik sind meist zur Einmalbenutzung gedacht; wenn es Ihnen mit der Herstellung von Pralinen ernst ist, investieren Sie in professionelle Formen aus Metall oder Silikon. **Papierformen** für kleine Kuchen gibt es in vielen Farben und Formen. Zwei-, dreimal verwendbares **Backpapier** ist eine gute

Oben Ein Malpinsel mag kein übliches Küchengerät sein, ist aber sehr nützlich zum Dekorieren.

Wahl zum Backen; die nicht billigen **Silikonmatten** besitzen eine noch stärkere Antihaftwirkung und sind immer wieder verwendbar.

Elektrogeräte

Ein starkes **Standrührgerät** (Küchenmaschine) ist eine große Hilfe, ein robuster **Handrührer** reicht aber für die meisten Aufgaben aus. Auch **Stabmixer** sind praktische Arbeitshilfen, kleine Kaffee- oder **Gewürzmühlen** zermahlen sekundenschnell ganzes Gewürz wie Zimtstangen und Sternanis. Ein Schokoladen-**Temperiergerät** ist nicht billig, aber wenn Sie oft Pralinen machen wollen, kann sich die Investition lohnen. Und mit einer **digitalen Küchenwaage** wiegen Sie kleinste Zutatenmengen exakt ab. Zur Temperaturkontrolle von Schokolade und Zuckersirup setzt man auch **Digitalthermometer** ein.

Aufbewahrung

Die meisten Süßigkeiten sollten in **luftdichten Behältern** aufbewahrt werden, beachten Sie aber die Hinweise im jeweiligen Rezept.

Klinge das Schneiden von Fudge, Gelee und Fruchtpasten erleichtert. Ein kleines **Putzmesser** ist für alle Arten feiner Schneideaufgaben unerlässlich, und eine stabile **Küchenschere** braucht man zum Schneiden von Bonbons, Karamell und Toffee, außerdem schneidet man damit Back-/Pergamentpapier zu.

Mit einem **Gemüsehobel** können Sie Obst in papierdünne Scheiben schneiden. Ein **Zestenreißer** ist ideal, um feine Streifen von Zitrusschalen zu schneiden, mit einer **Käsereibe** kann man auch Zitronenschale und Schokolade fein reiben.

Zuckerthermometer

Unverzichtbar für die Herstellung von Süßigkeiten ist das Zuckerthermometer, das die Temperatur des Zuckersirups anzeigt. Es ist leicht zerbrechlich und sollte zur Aufbewahrung gut verpackt werden. Halten Sie auch nie ein kaltes Thermometer direkt in heißen Sirup; stellen Sie es in einen schmalen hohen Topf mit Wasser, das Sie zum Kochen bringen; dort stellen Sie es zwischendurch auch ab.

BONBONS UND LUTSCHER, KARAMELLEN UND FONDANT

Jeder hat seine Lieblingssüßigkeit. Ob sie nun nur gekocht oder auch gezogen wurde, ob man sie langsam lutscht oder genießerisch knabbert – sie verschafft immer ein besonderes Geschmackserlebnis. Die Herstellung solchen Naschwerks aus Zuckersirup und verschiedenen anderen Zutaten erfordert etwas Mühe, aber die Ergebnisse lohnen den Aufwand allemal. Das etwas andere Verfahren bei Fondant schont die Arme und ergibt eine weichere Textur. Der Vielfalt an Geschmacksrichtungen und Farben sind keine Grenzen gesetzt – werden Sie kreativ!

Süß, klebrig, köstlich

Die Herstellung von gekochten Bonbons, gezogenen Karamellen, Lutschern und Fondants beginnt mit der simplen Mischung aus Zucker und Wasser. Diese wird zu Sirup gekocht, auf eine bestimmte Temperatur erhitzt und dann unterschiedlich weiterverarbeitet, um die jeweilige Konsistenz zu erreichen.

Für einfache, hart gekochte Süßigkeiten wie Birnendrops oder Lutscher wird der Sirup zum starken Bruch gekocht, dann aromatisiert und zum Aushärten in eine Form oder auf eine Fläche gegossen (beides geölt). Für Lutscher steckt man einen Stiel in die aushärtende Masse.

Für andere Süßigkeiten kann der Sirup auf vielfältigste Art behandelt werden, während er abkühlt, wodurch völlig unterschiedliche Ergebnisse entstehen. Wenn man einen Sirup auf der Stufe des harten Bruchs bearbeitet, indem man ihn zieht und streckt, nimmt die Masse Hunderte winziger Luftbläschen auf, wodurch die Masse heller und die Struktur leichter wird. Viele der Süßigkeiten in diesem Kapitel werden auf diese Art hergestellt und hauptsächlich durch die Zugabe verschiedener Geschmacks- und Farbstoffe variiert – im Fall der Pfefferminz-Humbugs und der Rhabarber-Vanille-Bonbons, indem man zwei Geschmacksrichtungen und Farben kombiniert.

Wenn man die Masse zu lange zieht, kann sie krümelig oder körnig werden; daher ist es für das Gelingen wichtig, die Anleitungen genau zu befolgen. Der Vorgang des Ziehens und Streckens macht etwas Mühe, wenn Sie die Technik aber erst einmal beherrschen, können Sie mit verschiedenen Aromen experimentieren und so Ihre eigenen Variationen kreieren.

Edinburgh Rocks und Saltwater Taffies werden mit einer ähnlichen Ziehtechnik hergestellt, das Produkt ist jedoch weicher, sodass man sie gerade noch kauen kann. Bei ihnen wurde der Sirup auf eine andere Stufe erhitzt, wodurch die Bonbons weniger fest werden. Edinburgh Rocks werden außerdem nach der Fertigstellung 24 Stunden lang der Luft ausgesetzt, was sie weicher und leicht krümelig macht.

Bei den noch weicheren Fondants ist es – anders als bei gezogenen Süßigkeiten – genau das Ziel, dass der Sirup körnig wird, denn dadurch entsteht die gewünschte Konsistenz. Ist der Fondant erst einmal fertig, kann er aromatisiert und zu Kugeln geformt oder aufgeschmolzen in dekorative Papierförmchen gegossen oder als Füllung für die verschiedensten Pralinen verwendet werden.

Bonbons und Lutscher, Karamellen und Fondant

Birnendrops

Diese einfachen Drops sehen besonders hübsch aus, wenn sie in einer altmodischen Form gegossen werden. Sie können die Masse aber auch auf eine geölte Marmorplatte oder ein geöltes Backblech gießen und beliebig formen. Birnendrops gehören in vielen Ländern zu den traditionellen Favoriten.

1 Form, Backblech oder Marmorplatte mit Öl einpinseln. Eine große Schüssel mit kaltem Wasser bereitstellen.

2 Zucker, 50 ml Wasser, 150 ml Birnensaft und Weinstein in einen schweren Topf geben. Bei mittlerer Hitze erwärmen, bis sich der Zucker aufgelöst hat.

3 Hitze erhöhen und den Sirup zum starken Flug kochen (114 °C).

4 Limettensaft, übrigen Birnensaft und Lebensmittelfarbe hinzufügen. Widerstehen Sie der Versuchung umzurühren, da dies den Sirup zum Kristallisieren bringt.

5 Sirup wieder zum Kochen bringen und zum starken Bruch (145 °C) kochen.

6 Topf in das kalte Wasser stellen, um den Kochvorgang zu stoppen.

7 Masse sofort mit einem Löffel in die Form geben oder löffelweise auf das Backblech bzw. die Marmorplatte tropfen lassen.

8 Bonbons auskühlen lassen, dann mit einer Messerspitze oder einer Winkelpalette aus der Form oder von der Fläche lösen.

9 Sofort genießen oder in Pergamentpapier einwickeln und in einem luftdichten Behälter aufbewahren.

VARIATION: Um Bonbonscherben herzustellen, Sirup auf ein geöltes Backblech oder in eine flache Kuchenform gießen und fest werden lassen. Dann das Blech auf den Arbeitstisch oder den Boden fallen lassen, damit die Zuckerplatte zerbricht, und die Stücke mit einem Messer ablösen.

Ergibt etwa 600 g

Neutrales Öl zum Einfetten

450 g feiner Zucker

175 ml Birnensaft

¼ TL Weinstein

2 EL Limettensaft

1 Tropfen grüne Lebensmittelfarbe

Ergibt etwa 675 g

Neutrales Öl zum Einfetten

300 g Himbeeren

400 g feiner Zucker

Himbeerlutscher

Lutscher aus Fruchtsaft sind eine wunderbare Möglichkeit, den natürlichen Geschmack reifer Beeren einzufangen. Diese Himbeerlutscher haben eine herrliche Farbe und schmecken noch besser, als sie aussehen. Experimentieren Sie mit verschiedenen Beeren oder frischem Fruchtsaft.

1 Ein Backblech einölen. Ein Eiswasserbad vorbereiten.

2 Himbeeren in einem schweren Topf vorsichtig erhitzen, bis die Früchte weich sind und der Saft ausläuft. Nicht umrühren.

3 Die Himbeeren durch ein Sieb abseihen und ablaufen lassen, den Saft in einer großen Schüssel auffangen. Die Beeren nicht durch das Sieb drücken, da der Saft sonst trüb wird.

4 Zucker und Himbeersaft in einen schweren Topf geben. Bei mittlerer Hitze unter Rühren erwärmen, bis der Zucker sich aufgelöst hat, dann zum Kochen bringen.

5 Nicht mehr rühren. Den Sirup bei mittlerer Hitze zum starken Bruch kochen (145 °C).

6 Topf in das Eiswasserbad stellen, um den Kochvorgang zu stoppen.

7 Sirup im Abstand von ca. 5 cm löffelweise auf das geölte Backblech gießen. Lutscherstiele in den Sirup drücken, dann einen Siruptropfen auf das Ende des Stiels geben, um ihn zu fixieren.

8 Lutscher ganz auskühlen lassen, dann vorsichtig von dem Blech lösen und einzeln in Zellophan verpacken.

Edelsteinlutscher

Lutscher sind auf der ganzen Welt Kult, alle Kinder lieben sie. Meist rund oder oval, gibt es sie in den verschiedensten Farben. Unsere Edelsteinlutscher sind eine einfach zu machende Variation: Eine Handvoll Nüsse und getrocknete Früchte sind der Schatz.

1 Eine Marmorplatte oder ein schweres Backblech ölen. Eiswasserbad vorbereiten.
2 Wasser in einen großen, schweren Topf gießen, Zucker und Glukosesirup oder Weinstein zugeben.
3 Den Sirup zum starken Bruch (145 °C) kochen.
4 Topf sofort vom Herd nehmen und in das Eiswasserbad stellen, um den Kochvorgang zu stoppen.
5 Sirupkreise auf die geölte Fläche gießen oder mit einem Löffel darauf geben. Etwa ein Fünftel des Sirups zurückbehalten.
6 Trockenfrüchte und Nüsse nach einem Muster Ihrer Wahl eindrücken.
7 Dann möglichst schnell Lutscherstiele oder Holzstäbchen in die Lutscher drücken und einen Siruptropfen auf das Ende des Stiels geben, um ihn zu fixieren.
8 Lutscher in etwa 10 Minuten ganz hart werden lassen, dann vorsichtig am Stiel von der Fläche heben. Gehen Sie langsam vor, sie werden sich lösen. Vielleicht gehen ein paar zu Bruch, aber dieses Rezept ergibt genügend Lutscher, und die zerbrochenen schmecken auch.
9 Gleich genießen. In Pergamentpapier eingewickelt kann man sie ein paar Tage in einem luftdichten Behälter aufbewahren.

Für etwa 12 Luscher

Neutrales Öl zum Einfetten

100 ml Wasser

400 g feiner Zucker

1 EL Glukosesirup oder 1 TL Weinstein

40 g gemischte Trockenfrüchte, zum Beispiel Cranberrys, Sultaninen und Aprikosen

25 g Pistazienkerne

Für etwa 600 g

Neutrales Öl zum Einfetten

400 g feiner Zucker

100 ml Glukosesirup

100 ml Wasser

1 EL rote Speisefarbe
oder 3 Tropfen Farbpaste

1 EL gemahlene Anissamen
oder 2 TL Anisextrakt

Tipp
Sie können diese Bonbons auch mit einer Form aus dem Internetversand herstellen. Die hier beschriebene Methode gibt ihnen einen reizvollen handwerklichen Touch.

Anisspiralen

Diese harten Anisbonbons haben einen interessanten, kräftigen Geschmack. Sie können sie mit Anisextrakt herstellen oder den Sirup mit frisch gemahlenen Anissamen aromatisieren, was den Geschmack noch intensiver macht.

1 Marmorplatte, Metallspachtel und eine Schere einölen. Eiswasserbad vorbereiten.

2 Zucker, Glukosesirup und Wasser in einem mittelgroßen, schweren Topf verrühren und zum Kochen bringen.

3 Auf mittlere Hitze zurückschalten. Den Sirup ohne umzurühren zum schwachen Bruch (135 °C) kochen. Speisefarbe und Anissamen oder Anisextrakt hinzufügen.

4 Topf in das Eiswasser stellen, um den Kochvorgang zu stoppen.

5 Sirup auf die Marmorplatte gießen und abkühlen lassen, bis sich eine Haut bildet.

6 Mit dem geölten Spachtel die Ränder so lange zur Mitte hin einschlagen, bis der Sirup kalt genug ist, um ihn von Hand zu verarbeiten.

7 Mit geölten Händen und mithilfe des Spachtels die Masse von der Marmorplatte heben und zu einer Rolle formen. An den Enden fassen und auseinanderziehen, sodass ein langer Strang entsteht.

8 Die Enden des Sirupstrangs fassen und ihn zu einem U biegen.

9 Die beiden Stränge zu einem »Seil« zusammendrehen. Seil langziehen und dabei weiter drehen, bis es etwa 1 cm dick ist.

10 Jetzt flott arbeiten und mit der geölten Schere den Strang in gleichmäßige, mundgerechte Stücke schneiden.

11 Die Spiralen in Zellophanpapier einwickeln. Gleich genießen oder in luftdichtem Behälter aufbewahren.

Zitronendrops

Diese bezaubernden Minidrops in Zitronenform sind weltweit ein Klassiker. Ihr kräftiges Gelb und die zuckrige Hülle lassen sie geradezu leuchten. Sie können die süße Verlockung noch steigern, wenn Sie sie auf hübschen, kleinen Tellern präsentieren.

Für etwa 600 g

Neutrales Öl zum Einfetten

400 g feiner Zucker

1 EL Glukosesirup

150 ml Wasser

½ TL Zitronenöl
oder 1 TL Zitronenextrakt

2 Tropfen gelbe Speisefarbe

200 g Kristallzucker

Tipp
Verwenden Sie Zitronenextrakt oder Zitronenöl bester Qualität. Zitronenextrakt ist mit Wasser verdünntes Zitronenöl, für einen intensiven Geschmack brauchen Sie also mehr.

1 Marmorplatte, Metallspatel und eine Schere ölen. Eiswasserbad vorbereiten.

2 Zucker, Glukosesirup und Wasser verrühren und in einem mittelgroßen, schweren Topf zum Kochen bringen.

3 Auf mittlerer Hitze ohne umzurühren zum schwachen Bruch (135 °C) kochen.

4 Topf vom Herd nehmen und Zitronenöl oder Zitronenextrakt und gelbe Speisefarbe einrühren. Rühren, bis die Mischung aufhört zu blubbern. Dann Topf in Eiswasser stellen, um den Kochvorgang zu stoppen.

5 Sirup auf die geölte Marmorplatte gießen und abkühlen lassen, bis sich eine Haut bildet. Mit dem geölten Spatel die Ränder zur Mitte hin einschlagen, bis der Sirup kalt genug ist, um ihn von Hand zu verarbeiten.

6 Mit geölten Händen und mithilfe des Spatels den Sirup von der Platte heben und zu einer Rolle formen. An den Enden fassen und auseinanderziehen, sodass ein langer, dicker Strang entsteht.

7 Die Enden des Sirupstrangs fassen und ihn zu einem U biegen.

8 Die beiden Stränge zu einem »Seil« zusammendrehen. Dann wieder zu einem U biegen.

9 Diese Schritte für etwa 15–20 Minuten wiederholen, bis das Sirupseil undurchsichtig und seine Farbe etwas heller wird. Zügig arbeiten, damit es geschmeidig bleibt. Wenn es zu hart wird, kann man es ein paar Minuten in den 100 °C heißen Backofen (Gas Stufe ¼) legen, bis es für die weitere Bearbeitung weich genug ist.

10 Die Zuckermasse vorsichtig wieder zu einem langen, dünnen Strang ziehen, dann auf die Hälfte falten und noch einmal auf die Hälfte, sodass vier gleich lange Stränge entstehen. Diese wieder zusammendrehen und dann auseinanderziehen, bis der Strang etwa 2 cm dick ist.

11 Mit der geölten Schere den Strang in kleine, gleichmäßig lange Stücke schneiden. Die Stücke zwischen den geölten Händen zu kleinen Ovalen rollen.

12 Die Enden der Ovale zusammendrücken, sodass die Form einer Zitrone entsteht. Den Kristallzucker in eine Schale geben und die Zitronendrops darin wälzen.

13 Gleich genießen oder in Pergamentpapier wickeln und in einem luftdichten Behälter aufbewahren.

Rhabarber-Vanille-Bonbons

Für etwa 600 g

Neutrales Öl zum Einfetten

450 g Kristallzucker
und Zucker zum Wälzen

150 ml Wasser

¼ TL Weinstein

1 EL Glukosesirup

2 TL Weinsäure

Mark von ½ Vanilleschote

2–3 Tropfen rosa Speisefarbe

Tipp
Traditionell werden diese Bonbons ohne Vanille gemacht, weshalb die eine Hälfte gelblich-weiß und wenig aromatisch ist, die andere rosa und säuerlich. Die Verwendung frischer Vanille balanciert die zwei Geschmacksrichtungen perfekt aus und gibt ihnen etwas Besonderes. Sie können die Vanille weglassen oder auch 2 Tropfen Vanilleextrakt verwenden.

Diese zweifarbigen Bonbons sind in den angelsächsischen Ländern Kult; inspiriert sind sie von dem dort verbreiteten, köstlichen Rhabarberpudding mit Vanillecreme. In Großbritannien sind sie seit je eine der beliebtesten Süßigkeiten.

1 Marmorplatte, Spachtel und Schere ölen. Eiswasserbad vorbereiten. Backofen auf 150 °C (Gas Stufe 1) vorheizen.

2 Zucker, Wasser, Weinstein und Glukosesirup in einen schweren Topf geben. Bei mittlerer Hitze unter Rühren den Zucker auflösen.

3 Ohne zu rühren zum schwachen Bruch (135 °C) kochen. Weinsäure hinzufügen und Topf schwenken, dann einige Sekunden in das Eiswasserbad stellen.

4 Sirup auf die Marmorplatte gießen und abkühlen lassen, bis sich eine Haut bildet. Mit dem Spatel die Hälfte des Sirups abtrennen und zurück in den Topf geben. Den Topf in den warmen Backofen stellen, damit der Sirup nicht fest wird.

5 Mit dem Spatel die Ränder zur Mitte hin einschlagen, bis der Sirup kalt genug ist, um ihn von Hand zu verarbeiten. Das Vanillemark auf dem Sirup verteilen.

6 Mit geölten Händen und dem Spachtel den Sirup von der Platte heben und zu einer Rolle formen, das Vanillemark mit einrollen. An den Enden auseinanderziehen, sodass ein langer Strang entsteht.

7 Den Strang zu einem U biegen. Die beiden Seiten zu einem Seil zusammendrehen, dann wieder in U-Form biegen.

8 Diese Schritte etwa 15–20 Minuten wiederholen, bis der Sirupstrang undurchsichtig und heller wird. Zügig arbeiten, damit er geschmeidig bleibt. Sonst ein paar Minuten in den warmen Backofen (100 °C, Gas Stufe ½) legen, bis er für die Bearbeitung weich genug ist.

9 Den Vanillestrang im warmen Topf beiseite stellen, die noch nicht verarbeitete Sirupmasse aus dem Topf nehmen.

10 Die rosa Speisefarbe in die Masse geben und rasch mit dem Spatel einarbeiten. Einen dicken Strang daraus formen.

11 Beide Stränge fest aneinanderdrücken, dann vorsichtig an den Enden bis zur gewünschten Stärke langziehen, dabei die Stränge immer wieder zusammendrücken. Etwas abkühlen lassen.

12 Den Strang mit der Schere in kleine, gleichmäßige Stücke schneiden.

13 Gleich genießen oder in Pergamentpapier einwickeln und in einem luftdichten Behälter aufbewahren.

Pfefferminz-Humbugs

Für etwa 500 g

Neutrales Öl zum Einfetten

450 g Kristallzucker

150 ml Wasser

¼ TL Weinstein

1 EL Glukosesirup

2 TL Pfefferminzextrakt

2–3 Tropfen schwarze Speisefarbe

Das Wort »Humbug« im Namen dieser typisch britischen Bonbons bedeutet »Schwindler« oder »Heuchler« und wurde im 18./19. Jahrhundert in Großbritannien häufig benutzt; viele kennen es aus Charles Dickens' »A Christmas Carol«. Die Süßigkeit entstand in dieser Zeit, und vielleicht bekam sie diesen Namen, weil ihr intensiver Pfefferminzgeschmack nicht zu ihrem Aussehen passen will. Traditionell sind Humbugs ein hartes, braunes oder schwarzweißes Konfekt mit einem weicheren Kern, heute reicht ihre Konsistenz von minzigen Toffees bis zu harten Bonbons wie hier.

1 Marmorplatte, Metallspatel und eine Schere einölen. Eiswasserbad vorbereiten, Backofen auf 150 °C (Gas Stufe 1) vorheizen.

2 Zucker, Wasser, Weinstein und Glukosesirup in einem mittelgroßen, schweren Topf verrühren und zum Kochen bringen.

3 Auf mittlere Hitze zurückschalten und ohne umzurühren kochen, bis der Sirup die Stufe des schwachen Bruchs (135 °C) erreicht hat. Pfefferminzöl hinzufügen.

4 Topf vom Herd nehmen und in das Eiswasser stellen, um den Kochvorgang zu stoppen.

5 Sirup auf die Marmorplatte gießen und abkühlen lassen, bis sich auf der Oberfläche eine Haut bildet.

6 Mit dem Spachtel ein Drittel des Sirups zurück in den Topf geben. Den Topf in den warmen Backofen stellen, damit der Sirup nicht fest wird, während der Rest verarbeitet wird.

7 Mit dem Spachtel die Ränder des größeren Teils Sirup zur Mitte hin einschlagen, bis er genügend abgekühlt ist, um ihn von Hand zu verarbeiten.

8 Mit geölten Händen und mithilfe des Spachtels den Sirup von der Platte heben und zu einer Rolle formen. An den Enden fassen und auseinanderziehen, sodass ein langer Strang entsteht.

9 Die Enden des Sirupstrangs fassen und zu einem U biegen. Die beiden Stränge zu einem Seil zusammendrehen, dann wieder in U-Form biegen.

10 Diese Schritte für etwa 15–20 Minuten wiederholen, bis der Sirupstrang undurchsichtig und seine Farbe viel heller wird. Zügig arbeiten, damit er geschmeidig bleibt. Wenn er zu hart wird, kann man ihn ein paar Minuten in den 100 °C heißen Backofen (Gas Stufe ¼) legen, bis er für die weitere Bearbeitung weich genug ist.

11 Den Sirupstrang mit dem Spachtel in vier Teile teilen, diese in Stränge gleicher Länge und Dicke ziehen.

12 Den restlichen Sirup aus dem Topf nehmen. Die schwarze Speisefarbe hinzufügen und rasch mit dem Spatel einarbeiten.

13 Die schwarze Masse zu einem dicken Strang formen, der etwa genauso lang ist wie die weißen Teile, aber deutlich dicker.

14 Die vier weißen Stränge neben den schwarzen Strang legen, dann die weißen Stränge in den schwarzen drücken, gleichmäßig um Letzteren verteilt.

15 Das Ganze vorsichtig an den Enden fassen und auf die gewünschte Stärke ziehen. Ein- oder zweimal verdrehen, sodass die weißen Stränge sich wie eine Spirale um den schwarzen legen.

16 Wenn die Masse noch zu weich ist, etwas abkühlen lassen.

17 Den Strang mit einer eigeölten Schere in kleine, gleichmäßige Stücke schneiden.

18 Gleich genießen oder in Pergamentpapier einwickeln und in einem luftdichten Behälter aufbewahren.

Edinburgh Rocks

Eines der Missgeschicke in der Küche, die zum Triumph wurden. Harte Bonbons eines schottischen Fabrikanten sollen unbeabsichtigt über Nacht Luft ausgesetzt worden sein und dadurch eine weiche, puderige Textur bekommen haben. Die Edinburgh Rocks können in jeder Geschmacksrichtung hergestellt werden.

1 Marmorplatte, Metallspatel und eine Schere einölen. Eiswasserbad vorbereiten.

2 Zucker, Glukosesirup, Weinstein und Wasser in einem mittelgroßen, schweren Topf verrühren. Bei mittlerer Hitze langsam erwärmen, bis sich der Zucker aufgelöst hat.

3 Zum Kochen bringen und ohne Rühren bis zum schwachen Bruch (135 °C) kochen.

4 Speisefarbe und Rosenwasser einrühren und den Topf sofort in das Eiswasserbad stellen, um den Kochvorgang zu stoppen.

5 Sirup auf die Marmorplatte gießen und abkühlen lassen, bis sich auf der Oberfläche eine Haut bildet.

6 Mit dem Spatel die Ränder zur Mitte hin einschlagen, bis der Sirup kalt genug ist, um ihn von Hand zu verarbeiten.

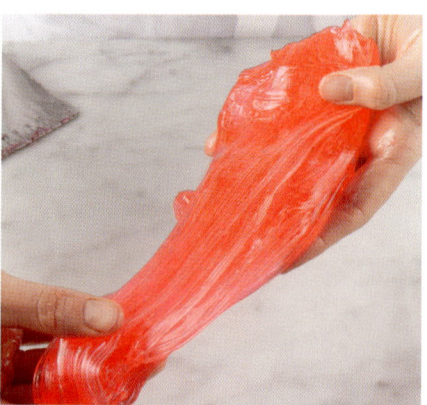

7 Hände mit Puderzucker bestäuben. Die Enden des Sirupstrangs fassen und ihn zu einem U biegen. Beide Stränge zusammendrücken, auseinanderziehen und wieder in U-Form bringen. Die Stränge dabei nicht verdrehen. 10 Minuten fortfahren, bis die Masse undurchsichtig wird.

8 Zu einem langen Strang auseinanderziehen, dann mit der Schere in kleine Stücke schneiden.

9 Die Bonbons bei Raumtemperatur etwa 24 Stunden stehen lassen, bis sie weich und puderig werden. Gleich genießen oder in einem luftdichten Behälter aufbewahren.

Für etwa 675 g

Neutrales Öl zum Einfetten

450 g Kristallzucker

1 EL Glukosesirup

½ TL Weinstein

200 ml Wasser

2 TL rosa Speisefarbe oder 2 Tropfen Farbpaste/-gel

2 TL Rosenwasser

Puderzucker zum Bestäuben

Für etwa 400 g

Neutrales Öl zum Einfetten

200 g feiner oder Kristallzucker

1 EL Maisstärke

150 ml Glukosesirup

25 g Butter

120 ml Wasser

¼ TL Meersalz

Saltwater Taffies

Ursprünglich soll diese Art Toffee mit Meerwasser gemacht worden sein, und zwar in Atlantic City in den USA. Heute findet man sie an der Strandpromenade der meisten amerikanischen Badeorte. Die weichen, leicht salzigen Bonbons sind der perfekte Genuss – beim Kauen kann man fast die Möwen schreien hören.

1 Marmorplatte, Metallspatel und eine Schere einölen.

2 Zucker und Stärke in einem großen, schweren Topf mit Glukosesirup, Butter, Wasser und Salz vermischen. Bei mittlerer Hitze zum kleinen Ballen (114 °C) kochen.

3 Die Masse auf die Marmorplatte gießen. Ein paar Minuten abkühlen lassen, bis sie von Hand bearbeitet werden kann.

4 Mit geölten Händen und mithilfe des Spatels den Sirup von der Platte heben und zu einer Rolle formen. An den Enden fassen und auseinanderziehen, sodass ein langer, dicker Strang entsteht.

5 Die Enden des Sirupstrangs fassen und ihn zu einem U biegen.

6 Die beiden Stränge zu einem »Seil« zusammendrehen. Weiter ziehen und zusammendrehen, bis die Masse heller und fest genug ist, um die Form zu behalten. Das dauert etwa 10 Minuten.

7 Den Strang auf 2,5 cm Dicke auseinanderziehen. Mit der Schere in mundgerechte Stücke schneiden.

8 Toffees in Rechtecke aus Pergamentpapier einwickeln und die Enden zusammendrehen. Gleich genießen oder in einem luftdichten Behälter aufbewahren.

VARIATION: Sie können der Masse, wenn sie zum kleinen Ballen gekocht ist, Speisefarbe und andere Aromen wie Orange zusetzen. Traditionell sind Saltwater Toffees pastellfarbig.

Zitronenträume

Diese zitronigen Häppchen sind eine wunderbare Nascherei für sonnige Nachmittage. Man kann sie zum Tee neben dem Gebäck genießen oder – in Pergament gewickelt – zum Picknick mitnehmen. Bereiten Sie sie einen Tag vor dem Genuss zu.

Für 25–30 Stück

400 g feiner Zucker

150 ml Wasser

3–4 EL Zitronensaft

abgeriebene Schale von 1 Zitrone

50 g kandierte Zitronenschale, gehackt

25 g Pistazienkerne, gehackt

1 Marmorplatte, Metallspatel und Holzspatel mit kaltem Wasser befeuchten. Eiswasserbad vorbereiten.

2 Zucker und Wasser in einem großen, schweren Topf verrühren und erhitzen, bis sich der Zucker aufgelöst hat. Zum Kochen bringen, dann Hitze verringern und zum kleinen Ballen (114 °C) kochen.

3 Topf in das Eiswasserbad stellen, um den Kochvorgang zu stoppen. Sirup auf die Marmorplatte gießen und 3 Minuten abkühlen lassen.

4 Mit dem feuchten Metallspatel die Ränder zur Mitte hin einschlagen, bis die Masse zu glänzen anfängt.

5 Mit dem Holzspatel den Sirup etwa 10 Minuten lang in Form einer Acht bearbeiten, bis er dick und undurchsichtig ist.

6 Erst mit dem Spatel und dann mit feuchten Händen den Fondant 20 Minuten kneten, um eine weiche Paste herzustellen.

7 Eine Schüssel anfeuchten. Den Fondant hineinlegen und mit einem feuchten, sauberen Geschirrtuch bedecken. Mindestens 12 Stunden im Kühlschrank ruhen lassen.

8 Auf einem Backblech 25–30 kleine Papierförmchen verteilen.

9 Fondant in eine Stahlschüssel geben und in einen Topf mit simmerndem Wasser stellen. Das Wasser sollte die Höhe des Fondants in der Schüssel erreichen.

10 Sehr vorsichtig erhitzen, bis der Fondant gerade geschmolzen ist. Wenn er zu stark erhitzt wird, wird er klar und nicht mehr fest. Zitronensaft und -schale unterrühren.

11 Den Fondant in die Papierförmchen gießen und mit kandierter Zitronenschale und Pistazien bestreuen.

12 Auf Raumtemperatur abkühlen lassen, dann auftragen. Die Fondant-Törtchen können ein paar Tage in einem luftdichten Behälter aufbewahrt werden.

Frucht-Brausepulver

Kinder lieben prickelndes Brausepulver, und man kann es leicht selbst herstellen. Einen Kindheitsklassiker kann man wiedererwecken, wenn man noch (selbstgemachte) Lutscher in das Pulver taucht. Eine Kombination, die in Großbritannien und den USA nostalgische Gefühle hervorruft, denn dort war sie lange Zeit der Hit.

1 Zucker im Mixer möglichst fein mahlen. Das dauert ein paar Minuten.
2 In eine Schüssel geben und die Wein- oder Zitronensäure, den Zitronen- oder Orangenextrakt und gegebenenfalls die Speisefarbe zugeben. Gründlich vermischen.
3 Das Pulver völlig austrocknen lassen, am besten ein paar Stunden lang, dann in einem luftdichten Behälter aufbewahren.
4 Lutscher in das Brausepulver tauchen. Oder ein erfrischendes Getränk aus dem Pulver herstellen, indem man ein paar Teelöffel voll in einem Glas Eiswasser verrührt.

Für 500 g

500 g feiner Zucker
1 EL Wein- oder Zitronensäure
10–12 Tropfen Zitronen-/Orangenextrakt
1–2 Tropfen Speisefarbe (optional)

Tipp

Für ein leckeres Getränk vermischen Sie nur etwas Pulver mit Wasser.

Bonbons und Lutscher, Karamellen und Fondant

TOFFEES, KARAMELLEN UND KROKANT

Eine erstaunliche Vielfalt an Texturen erhält man, wenn man Zucker mit Zutaten wie Butter, Sahne und Glukosesirup vereint und auf bestimmte, unterschiedliche Temperaturen erhitzt. Da ist ganz sicher für jeden Geschmack etwas dabei: weicher Toffee zum genüsslichen Kauen, festerer Butterscotch oder knuspriger Krokant. Unwiderstehlich werden diese köstlichen Dinge, wenn man noch Schokolade, Nüsse oder Früchte hinzugibt, und eine ganz edle Optik verleiht ihnen (essbares) Blattgold.

Knusprig, weich und buttrig

Die Grundlage dieser Süßigkeiten ist immer Zucker, aber die Beigabe verschiedener Zutaten macht daraus die unterschiedlichsten Leckereien. Butter, Sahne oder Nüsse werden einem hell- oder dunkelbraun gebrannten Zuckersirup in großzügigen Mengen beigemischt, was eine Fülle an Toffees, Karamellen und Nusskrokant ergibt.

Für Toffee wird Zucker mit Wasser zur gewünschten Farbe gekocht, dann werden Butter oder Sahne beigefügt. Die längere Kochzeit macht Toffee härter als Karamell, sodass man ihn auch in Stücke brechen und lutschen kann. Die englische Spezialität Bonfire Toffee, die man am 5. November in Massen vertilgt, wird mit Melasse gefärbt, damit sie den Holzscheiten eines Scheiterhaufens ähnelt. Andere Toffees enthalten Natron, wodurch ihre Textur lockerer wird. Schaumtoffee weist viele kleine Luftblasen auf, die ebenfalls durch Natron entstehen.

Für weiche Karamellen wird der Zucker mit Sahne gekocht, die bei niedriger Temperatur karamellisiert und für die weich-zähe Textur verantwortlich ist. Durch vorsichtiges Rühren der Masse verhindert man, dass die Milchproteine verbrennen. Sind die Karamellen einmal ausgegossen und fest, kann man sie leicht in Stücke schneiden. In Folie oder Pergament verpackt halten sie sich gut. Karamell ist die perfekte Grundlage für viele Geschmackszutaten, wie gesalzene oder gehackte Nüsse, Kokosnuss und Früchte wie Clementinen und Äpfel. Karamell-Äpfel oder Toffee-Äpfel, wie sie in England heißen, sind dort im Herbst ein Muss.

Buttertoffee wird ähnlich wie Karamell hergestellt, aber mit mehr Butter, wie der Name erkennen lässt.

Bei dem mit Nüssen vollgepackten Krokant bestimmen die Nüsse den Geschmack, aber es ist das Karamell, das alles zusammenhält. Berge von Nüssen werden zu gekochtem Zuckersirup hinzugefügt und vorsichtig untergezogen. Dann gießt man die Masse auf eine geölte Fläche, zum Beispiel eine Marmorplatte, und lässt sie abkühlen. Wenn sie kühl genug ist, kann man die Masse in dünne Krokantplatten auseinanderziehen, die sich leicht in Stücke brechen lassen. Bei einigen Rezepten wird auch Natron hinzugefügt, damit der Krokant mürbe und leichter wird.

Toffees, Karamellen und Krokant 41

Schokolade-Nuss-Toffee

Dieses knackige, buttrige Toffee können Sie mit Ihrer Lieblingsnusssorte herstellen. Dunkle Schokolade und Macadamia-Nüsse sind eine wunderbare Kombination, aber auch Pekan- oder Haselnüsse sind köstlich.

Für etwa 850 g

200 g Macadamia-Nüsse, grob gehackt
4 EL Wasser
350 g feiner Zucker
125 g Butter
1 EL Melasse
¼ TL Meersalz
1 TL Vanilleextrakt
¼ TL Backnatron
150 g dunkle Bitterschokolade
(60–70 % Kakaoanteil), fein gehackt

1 Backofen auf 160 °C (Gas Stufe ½) vorheizen. Die Macadamia-Nüsse auf einem Backblech ausbreiten und in den Ofen schieben.

2 Nüsse nach 5 Minuten überprüfen, dafür einmal durchrütteln. Sie sollten hellgolden, nicht braun sein. Vielleicht brauchen sie noch ein paar Minuten, aber seien Sie vorsichtig. Macadamia-Nüsse werden rasch dunkel, weil sie viel Öl enthalten.

3 Ein Backblech mit Backpapier auslegen. Drei Viertel der Macadamias darauf verteilen, dicht nebeneinander in einer einzigen Schicht. Die restlichen Nüsse für den Belag aufheben.

4 Wasser, Zucker, Butter, Melasse und Salz in einen schweren Topf geben. Bei schwacher Hitze erhitzen, bis sich alles aufgelöst hat.

5 Zum Kochen bringen und zum starken Bruch (145 °C) kochen.

6 Sofort vom Herd nehmen. Vanilleextrakt und Natron rasch unterrühren.

7 Die Mischung sofort über die Nüsse gießen. Das Backblech schütteln und leicht auf die Arbeitsfläche klopfen, damit die Oberfläche glatt wird.

8 Mit der Schokolade bestreuen (die in das Toffee hineinschmilzt), dann die restlichen Nüsse darüberstreuen.

9 Ganz erkalten lassen und in Stücke brechen. In einem luftdichten Behälter aufbewahren. Nicht in den Kühlschrank oder das Tiefkühlfach stellen.

Pekannuss-Toffee

Dieses Rezept stammt aus New Orleans. Der kreolische Name für die Toffees ist »La Colle«, was »Klebstoff« bedeutet, denn die knackigen Pekannuss-Splitter stecken in einer sehr weichen, leckeren Masse.

1 Backofen auf 160 °C (Gas Stufe 2) vorheizen. Die Pekannüsse auf einem Backblech verteilen und in den Ofen schieben.

2 Nach 7 Minuten Nüsse überprüfen, dafür einmal durchrütteln. Vielleicht brauchen sie noch ein paar Minuten. Als Test eine Nuss auseinanderbrechen. Sie sollte hellgolden, aber nicht braun sein. Sobald die Nüsse duften, sind sie fertig.

3 Nüsse aus dem Ofen nehmen und ein paar Minuten abkühlen lassen.

4 Nüsse grob hacken, dann mit einem Sieb das feine Nussmehl von den Nussstücken trennen. Nüsse und Nussmehl beiseitestellen.

5 Wasser und braunen Zucker in einen schweren Topf geben. Bei schwacher Hitze den Zucker auflösen.

6 Bei mittlerer Hitze den Sirup zum Kochen bringen und zum schwachen Bruch (135 °C) kochen.

7 Die gerösteten, gehackten Pekannüsse einrühren.

8 Die Masse in Papierförmchen gießen, mit dem Nussmehl bestäuben und vor dem Genuss ganz erkalten lassen. In luftdichtem Behälter aufbewahren.

VARIATION: Sie können den braunen Zucker durch Melasse ersetzen. Nehmen Sie dann nur 225 g.

Für etwa 550 g

125 g Pekannüsse

50 ml Wasser

425 g weicher, dunkelbrauner Zucker

Tipp
Die Pekannüsse rasch einrühren, da die Masse schnell fest wird.

Toffees, Karamellen und Krokant

Schlacken-Toffee

Diese in vielen Teilen der Welt beliebten Toffees sehen aus wie Schlacke aus dem Feuer. Sie haben noch viele andere Namen, zum Beispiel Yellow Man, Puff Candy, Hokey Pokey, Sponge Candy und Angel Food Candy.

1 Eiswasserbad vorbereiten. Ein Backblech einfetten und beiseite stellen.
2 Wasser, Zucker und Glukosesirup in einen schweren Topf geben.
3 Auf mittlerer Hitze erwärmen, bis sich der Zucker aufgelöst hat. Hitze erhöhen und den Sirup ohne umzurühren zu sehr hellem Karamell kochen (150 °C).
4 Topf vom Herd nehmen und für einen Moment in das Eiswasserbad stellen.
5 Das Natron im warmen Wasser auflösen.
6 Das Natron-Wasser in den Zuckersirup gießen. Dieser schäumt auf, arbeiten Sie also sehr vorsichtig.
7 Die Masse umrühren, um die Blasen gleichmäßig darin zu verteilen, dann auf das vorbereitete Backblech gießen.
8 Die Platte erkalten lassen und in Stücke brechen; in Zellophanpapier oder Pergament wickeln. In luftdichtem Behälter aufbewahren.

VARIATION: Für eine richtig dekadente Nascherei können Sie die Toffees in geschmolzene Schokolade tauchen (fest werden lassen).

Für etwa 300 g

Butter zum Einfetten
4 EL Wasser
225 g feiner Zucker
1 EL Glukosesirup
¼ TL Backnatron, gesiebt
1 TL warmes Wasser

Für etwa 750 g

125 g Butter und Butter zum Einfetten
2 EL Apfel- oder Weißweinessig
100 ml Melasse
200 ml Glukosesirup
400 g Demerara-Zucker
½ TL Backnatron, gesiebt

Bienenwaben-Toffee

Dies ist eine üppigere, altmodischere Toffee-Version als das Schlacken-Toffee. Wenn Sie einen leichteren Geschmack und hellere Farbe bevorzugen, ersetzen Sie die Teile der Melasse durch Glukosesirup.

1 Eine 20 × 20 cm große Kuchenform einfetten. Mit Backpapier auslegen. Das Papier soll an zwei Seiten der Form überstehen. So können Sie später das Toffee leichter entnehmen.

2 Die Butter langsam in einem großen, schweren Topf bei schwacher Hitze schmelzen lassen. Essig, Melasse, Glukosesirup und Demerara-Zucker zugeben und vorsichtig umrühren, bis der Zucker sich mit den anderen Zutaten gut vereint hat.

3 Den Sirup bei mittlerer Hitze ohne zu rühren zum starken Bruch (145 °C) kochen.

4 Topf vom Herd nehmen und sofort das gesiebte Natron einrühren. Während die Masse aufkocht, umrühren – aber Vorsicht! Der heiße Sirup schäumt auf.

5 Die Masse in die vorbereitete Backform gießen und abkühlen lassen. Wenn sie nach etwa 30 Minuten fest zu werden beginnt, mit einem Messer mundgerechte Stücke anzeichnen.

6 In mehreren Stunden ganz erkalten lassen, dann den Block am Backpapier aus der Form heben. In Quadrate oder Rechtecke brechen oder schneiden. In luftdichtem Behälter aufbewahren.

Bonfire Toffee

Traditionelle englische Toffees von tiefdunkler Farbe und intensivem Geschmack, ein unverzichtbarer Bestandteil des britischen Guy Fawkes Day: Seit Jahrhunderten werden Scheiterhaufen angezündet und Feuerwerke abgebrannt. Der herbe, starke Melasse-Geschmack wird durch den Demerara-Zucker und die Butter gerundet.

Für etwa 600 g

125 g Butter und Butter zum Einfetten
225 ml Melasse
200 g Demerara-Zucker
1 Prise Salz

Tipp
Wenn Sie das Toffee in eine kleinere, tiefere Backform gießen, bekommt es eine etwas weichere Konsistenz.

1 Ein Backblech mit Butter einfetten.
2 Die Butter in einem großen, schweren Topf bei niedriger Hitze schmelzen lassen.
3 Melasse, Demerara-Zucker und Salz hinzufügen und in der Butter schmelzen lassen.
4 Wenn alles geschmolzen ist, die Masse bei mittlerer Hitze zum Kochen bringen.
5 Die Masse knapp bis zum starken Bruch (145 °C) kochen.
6 Den Sirup auf das Backblech gießen und etwa 10 Minuten abkühlen lassen.
7 Nach dem Erkalten in Stücke brechen. In Pergamentpapier wickeln und in einem luftdichten Behälter aufbewahren.

Dunkler Karamellbruch

Für etwa 400 g

100 g Butter und Butter zum Einfetten
300 g feiner Zucker
2 Blätter Blattgold (optional)

Dieses Toffee-Rezept verwendet eine andere Methode, für die man kein Zuckerthermometer braucht. Blattgold ist teuer, aber damit sehen die Karamellscherben wunderschön aus. Man kann den Karamell auch zerkleinern und damit zum Beispiel Eiscreme garnieren.

1 Ein Backblech mit Butter einfetten.
2 Die Butter bei mittlerer Hitze in einem schweren Topf schmelzen lassen. Den Zucker hinzufügen und kontinuierlich rühren, bis die Mischung eine dunkle Karamellfarbe annimmt. Das dauert etwa 10 Minuten. Während des Kochvorgangs trennen sich Butter und Zucker möglicherweise, doch wenn die Mischung die richtige Farbe hat, werden sie eine homogene Emulsion bilden.
3 Den Sirup auf das vorbereitete Blech gießen und etwa 30 Minuten abkühlen lassen.
4 Das Blattgold, wenn gewünscht, nach dem vollständigen Erkalten des Karamells auftragen (siehe Tipp).
5 In Stücke brechen. Gleich genießen oder in einem luftdichten Behälter aufbewahren. Für Karamell als Garnierung die Scheiben zwischen zwei Lagen Backpapier in kleine Stückchen schlagen.

Tipp

Blattgold gibt es in unterschiedlichen Formen: lose oder auf Papier aufgepresst. Das aufgepresste Blattgold wird abgerieben: Papier umdrehen und auf die Oberfläche legen, auf die das Gold aufgetragen werden soll. Mit dem Finger die Rückseite des Papiers fest reiben und es dann abheben. Das Blattgold sollte jetzt auf der Oberfläche fixiert sein. Das lose Blattgold nimmt man mit einem sauberen, trockenen Pinsel auf und legt es auf die Oberfläche.

Toffees, Karamellen und Krokant

Salzkaramellen

Diese dunklen Karamellen haben einen wunderbaren salzigen Hauch von Meer. Salz mag als Zutat in einem Konfekt überraschen, aber es mindert die Süße des Karamells und schafft eine angenehme Balance.

1 Eine 23 × 23 cm große Kuchenform so mit Backpapier auslegen, dass das Papier an allen Seiten übersteht.

2 Die Sahne in einem schweren Topf langsam erhitzen. Vanilleschote längs aufschlitzen und das Mark herausschaben; Mark und Schote zur Sahne geben.

3 Die Sahne fast zum Kochen bringen, dabei darauf achten, dass sie nicht anbrennt. Wenn sie zu dampfen beginnt und am Topfrand feinen Schaum bildet, ist sie fertig.

4 Während die Sahne heiß wird, in einem anderen Topf Sirup und Zucker zum starken Bruch kochen (145 °C).

5 Die Butter und 1 TL Salz hinzufügen, dann die Sahnemischung in den Zuckersirup gießen. Nur so lange umrühren, bis beides verbunden ist, dann alles zum starken Ballen (120 °C) erhitzen. Vanilleschote entfernen.

6 Den Karamell in die vorbereitete Form gießen. Die Form auf die Arbeitsfläche aufstoßen, um eventuelle Luftbläschen zu entfernen. Mit dem restlichen Salz bestreuen.

7 Ganz erkalten lassen, dann den Karamellblock am Papier aus der Form heben. In Quadrate oder Rechtecke schneiden.

8 Einzeln in Folie wickeln und in einem luftdichten Behälter bei Raumtemperatur aufbewahren.

Für etwa 1,15 kg

450 ml Crème double

1 Vanilleschote

225 g Glukosesirup

400 g feiner Zucker

65 g Butter

1,5 TL Fleur de Sel oder anderes Meersalz

Tipp

Sie können die Oberfläche mit Blattgold oder -silber dekorieren. Sie können einzelne Pralinenformen mit der Masse füllen, so lange sie noch heiß ist, aber nur solche aus Alufolie, da Papier am Karamell kleben würde.

Kokosnuss-Kardamom-Karamellen

Die knackigen Kokosraspeln bilden in diesem halbfesten Karamell eine angenehme Überraschung, während der Karadamom-Geschmack eine aparte Note beisteuert. Mit Rum wird dieser Karamell zu einem tropischen Geschmackserlebnis!

Für etwa 1 kg

geraspeltes Fleisch einer frischen Kokosnuss

500 g feiner Zucker

200 ml Glukosesirup

225 ml Crème double

50 g Butter, in Würfel geschnitten, und Butter zum Einfetten

¼ TL gemahlener Kardamom

2 TL weißer Rum

1 Eine 20 × 30 cm große Backform einfetten und mit Backpapier auslegen.

2 Eine große, schwere Pfanne erhitzen und die Kokosraspeln hineingeben. Unter ständigem Rühren bei geringer Hitze rösten, bis sie trocken sind. Eventuell die Menge aufteilen und nacheinander trocknen. In einer Schüssel beiseite stellen.

3 Zucker, Glukosesirup und Sahne in einen schweren Topf geben und bei mittlerer Hitze unter ständigem Rühren erwärmen, damit sich die Zutaten verbinden. Butter, Kardamom und Kokosraspeln hinzufügen.

4 Wenn die Butter geschmolzen ist, die Masse zum Kochen bringen und ohne zu rühren in etwa 10 Minuten leise wallend zum starken Flug (115 °C) kochen.

5 Topf vom Herd nehmen und den Rum einrühren. Masse in die Backform gießen und erkalten lassen. Das kann bis zu acht Stunden dauern.

6 In Rechtecke schneiden und in Pergamentpapier oder Bonbonfolie einwickeln. Bei Raumtemperatur in luftdichtem Behälter aufbewahren. Die Karamellen bleiben etwa 10 Tage frisch.

Pekannuss-Karamellen

Diese extra dunklen Karamellen sind samtig-weich mit dem knusprigen Touch von Pekannüssen. Sie sind fast wie mundgerechte Stücke Pecan Pie, nur ohne den Teig. Pekannüsse stammen aus dem Süden der USA und harmonieren sehr gut mit karamellisiertem Zucker.

Für etwa 48 Törtchen

450 ml Crème double
1 Vanilleschote
225 g Golden Syrup
400 g Kristallzucker
65 g Butter
1 TL Fleur de Sel oder anderes Meersalz
100 g geröstete Pekannüsse, gehackt
Blattgold (optional)

Tipp
Keine Papierförmchen verwenden, sie bleiben an dem Karamell kleben.

1 Auf einem oder zwei Backblechen 48 Konfektförmchen aus Folie verteilen.
2 Die Sahne in einem großen Topf langsam erhitzen. Vanilleschote längs aufschlitzen und das Mark herausschaben; Mark und Schote zur Sahne geben.
3 Sahne mit Vanille fast zum Kochen bringen; darauf achten, dass sie nicht anbrennt. Wenn sie zu dampfen beginnt und am Topfrand feinen Schaum bildet, ist sie fertig.
4 Während die Sahne heiß wird, in einem anderen schweren Topf Sirup und Zucker zum starken Bruch (145 °C) kochen.
5 Butter und Salz hinzufügen, dann die Sahnemischung in die Zuckermischung gießen. Nur so lange umrühren, bis beides verbunden ist, dann alles zum starken Ballen (120 °C) erhitzen.
6 Vanilleschote entfernen. Die gehackten Pekannüsse unterziehen. Sofort in die Formen gießen, dann das Backblech leicht auf die Arbeitsfläche schlagen, damit sich Luftbläschen lösen. Nach Belieben mit Blattgold garnieren. Ganz erkalten lassen.
7 Karamellen in einem luftdichten Behälter aufbewahren, sie bleiben etwa 10 Tage frisch.

Karamelläpfel

Diese köstliche Nascherei gibt es in der ganzen Welt auf Jahrmärkten und Festen. Der buttrige Karamell kontrastiert wunderbar mit dem knackigen Apfel, allerdings lässt sich diese Leckerei kaum auf vornehme Art verzehren.

Für 8 Karamelläpfel

8 kleine bis mittelgroße Äpfel
115 g Butter
200 g Kristallzucker
150 ml Crème double
1 EL hellbrauner Zucker
125 g Glukosesirup
½ TL Vanilleextrakt
¼ TL Salz

1 Äpfel waschen und abtrocknen. Holzstiele oder Lutscherstiele neben dem Apfelstiel in den Apfel stecken.
2 Eiswasserbad vorbereiten. Ein Backblech mit Backpapier auslegen.
3 Alle anderen Zutaten in einen großen, schweren Topf geben und bei mittlerer Hitze unter Rühren langsam zu einer gleichmäßigen Masse erhitzen.
4 Wenn sich der Zucker vollständig aufgelöst hat, Hitze erhöhen und die Masse kochen, bis sie die Stufe des starken Flugs (114 °C) erreicht hat.
5 Topf vom Herd nehmen und in das Eiswasserbad stellen, um den Kochvorgang zu stoppen.
6 Karamell auf 82 °C abkühlen lassen, dann die Äpfel an den Stielen hineintauchen.
7 Die mit Karamell überzogenen Äpfel auf das vorbereitete Backblech stellen, sodass der Stiel nach oben zeigt. Abkühlen lassen.
8 Wenn der Karamell vom Apfel gleitet, noch etwas abkühlen lassen, dann noch einmal eintauchen. Gleich essen oder bei Raumtemperatur in einem luftdichten Behälter aufbewahren. Hält sich 3 Tage.

Tipp

Holzstäbe erhalten Sie im Bastelladen oder im Baumarkt. Mit einer Gartenschere können Sie sie auf die gewünschte Länge bringen. Es gibt sie in verschiedenen Stärken, kaufen Sie sie dick genug, damit sie nicht brechen.

Butterscotch

Wenn man nach der traditionellsten Süßigkeit fragen würde, gäbe es sicher eine Menge verschiedene Antworten, aber Butterscotch wäre ganz bestimmt darunter. Dieses Rezept ähnelt Karamellen, der Sirup wird jedoch etwas länger gekocht, wodurch die Bonbons härter werden und eher zum Lutschen als zum Kauen einladen.

Für etwa 800 g

- 400 g feiner Zucker oder Kristallzucker
- 150 ml Crème double
- 150 ml Wasser
- 1 Vanilleschote
- ¼ TL Weinstein
- 100 g Butter, in kleine Würfel geschnitten, und Butter zum Einfetten

1 Eine 20 × 20 cm große Kuchenform einfetten und mit Backpapier so auslegen, dass das Papier an allen Seiten übersteht.

2 Zucker, Sahne und Wasser in einen schweren Topf geben und bei schwacher Hitze unter Rühren erwärmen, bis sich der Zucker aufgelöst hat.

3 Vanilleschote längs aufschlitzen und das Mark herausschaben; Mark und Schote zur Sahne geben. Den Weinstein zufügen. Auf mittlerer Hitze zum starken Flug (115 °C) kochen.

4 Butter hinzufügen und zum schwachen Bruch (135 °C) kochen.

5 Vanilleschote entfernen. Die Masse in die vorbereitete Backform gießen.

6 Etwas abkühlen lassen, dann Quadrate einschneiden, damit die Platte leichter in Stücke gebrochen werden kann.

7 Nach dem Erkalten in Quadrate brechen und einzeln in Zellophan, Pergament oder Folie wickeln. In einem luftdichten Behälter bei Raumtemperatur aufbewahren. Die Toffees bleiben etwa 10 Tage frisch.

VARIATION: Für Schokoladentoffee 1 leicht gehäuften EL Kakao unter die Masse aus Zucker, Sahne und Wasser rühren.

Honig-Sesam-Konfekt

Diese Knusperschnitten sind gesund und spenden Energie. Ähnliches sieht man im Bioladen, aber bei Selbstgemachtem weiß man, was man hat. Viel Sesam, mit Honig und braunem Zucker bekömmlich gesüßt, hilft Ihnen über Ihr Nachmittagstief.

Für etwa 400 g

Butter und neutrales Öl zum Einfetten
100 g weicher brauner Zucker
100 g Honig
200 g Sesam

Tipp
In Bioläden finden Sie eine große Auswahl an Samen und Trockenfrüchten.

1 Ein Backblech mit Butter einfetten, eine Teigrolle einölen.

2 Zucker und Honig in einem kleinen, schweren Topf bei schwacher Hitze unter Rühren erwärmen, damit sie sich vermischen.

3 Sesam hinzufügen. Alles etwa 10 Minuten unter Rühren kochen lassen, bis der Sesam goldbraun ist.

4 Die Masse auf das Backblech gießen und mit der geölten Teigrolle ausrollen. Die Oberfläche soll glatt und die Platte etwa 5 mm dick sein.

5 Etwas abkühlen lassen. Die Platte in Stücke schneiden, solange sie noch warm ist. In einem luftdichten Behälter aufbewahren, nach Belieben die Stücke einwickeln.

VARIATION: Probieren Sie den Honig-Konfekt auch mit anderen Samensorten, zum Beispiel Leinsamen, der lecker schmeckt und eine gute Quelle für Omega-3-Fettsäuren ist. Für eine fruchtig-frische Variante ergänzen Sie den Sesam mit 25 g fein gehackten getrockneten Aprikosen.

Erdnusskrokant

Seine besondere Textur erhält dieser Krokant durch die Zugabe von Natron. Durch das »Aufschäumen« des Zuckersirups füllt er sich mit Tausenden winzigen Bläschen, was ihn knusprig und luftig macht. Auch das Auseinanderziehen fügt Luft hinzu und verleiht dem Krokant ein fast schillerndes Aussehen.

Für etwa 600 g

Neutrales Öl zum Einfetten

175 g feiner Zucker

115 g Glukosesirup

1 TL Salz

250 g Erdnüsse

25 g Butter, in Würfel geschnitten

½ TL Vanilleextrakt

½ TL Backnatron

1 Ein Backblech mit Backpapier auslegen, Letzteres leicht mit Öl einfetten.

2 Zucker, Glukosesirup, Salz und 4 EL Wasser in einem großen, schweren Topf bei schwacher Hitze erhitzen, bis sich der Zucker aufgelöst hat.

3 Auf mittlerer Hitze zum starken Ballen (130 °C) kochen.

4 Die Erdnüsse hinzufügen und zum starken Bruch (145 °C) kochen.

5 Topf vom Herd nehmen, Butter und Vanilleextrakt einrühren.

6 Das Natron in 1 TL Wasser auflösen und unter die Erdnussmasse rühren. Masse auf das Backblech gießen.

7 Die Masse abkühlen lassen, bis Sie sie anfassen können. Mit geölten Händen den Krokant nach allen Seiten ziehen und so weit strecken, dass er Löcher bekommt.

8 Nach dem völligen Erkalten mit der Rückseite eines Löffels auseinanderbrechen.

9 Gleich genießen oder in einem luftdichten Behälter ein paar Tage aufbewahren.

Haselnussbruch

In dieser köstlich knackigen Leckerei spielen Haselnüsse die Hauptrolle. Erst geröstet erreichen Sie ihr optimales Aroma. Aber: Werden sie zu schwach geröstet, wird kein Fett abgegeben; röstet man sie zu stark, werden sie bitter. Die Haselnussecken können Sie auch zerkleinern und über Eiscreme oder andere Desserts streuen.

1 Backofen auf 180 °C (Gas Stufe 3) vorheizen.

2 Haselnüsse auf einem Backblech in einer einzigen Lage verteilen, Blech in den Ofen schieben. Nüsse nach 7 Minuten prüfen. Sie sollten eine goldene Farbe und eine schön feste Textur aufweisen. Wenn nötig, noch etwas weiterrösten, aber häufig kontrollieren.

3 Warme Nüsse auf ein sauberes Küchentuch geben und die Häute mit dem Tuch abreiben.

4 Backpapier mit Butter fetten und ein Backblech damit auslegen. Die enthäuteten Nüsse darauf in einer Lage verteilen.

5 Den Karamell zubereiten: Wasser, Zucker und Weinstein in einem schweren Topf auf mittlerer Hitze unter Rühren zum Kochen bringen, um den Zucker aufzulösen.

6 Wenn der Zucker aufgelöst ist, nicht mehr rühren. Sirup zum starken Bruch (145 °C) kochen, dann noch eine Minute kochen lassen.

7 Topf vom Herd nehmen und den Sirup über die gerösteten Nüsse gießen.

8 Wenn der Karamell völlig erkaltet ist, mit den Händen in mundgerechte Stücke brechen. Gleich genießen oder in luftdichtem Behälter aufbewahren.

Für etwa 600 g

200 g ganze Haselnüsse, mit Haut

Butter zum Einfetten

4 EL Wasser

400 g feiner Zucker

¼ TL Weinstein

Tipp

Kaufen Sie immer möglichst frische Nüsse und verbrauchen Sie sie schnell. Nüsse in luftdichtem Behälter im Kühlschrank oder Tiefkühlfach aufbewahren. Haselnüsse mit Haut kaufen, denn enthäutete Nüsse sind blanchiert und haben an Frische und Geschmack verloren. Man kann Nüsse leicht selbst enthäuten.

Karamellbutter-Popcorn

Klebriges, mit Karamell überzogenes Popcorn ist einfach unwiderstehlich. Dieses einfache Rezept eignet sich wunderbar, um es mit Kindern zu machen. Sie lieben es, wenn die Maiskörner knallend zu Popcorn aufplatzen.

1 Öl in einem großen, schweren Topf mit Deckel bei mittlerer Hitze erhitzen. Maiskörner hineingeben, Deckel auflegen.
2 Topf ab und zu schütteln, bis das Knallen des Popcorns aufhört. Topf vom Herd nehmen und den Deckel etwas öffnen, damit Dampf entweichen kann.
3 Butter und Golden Syrup in einem zweiten Topf erhitzen und verrühren, damit sich beides gut verbindet.
4 Popcorn in eine Schüssel geben und Sirup darübergießen, gut mischen. Gleich genießen oder ein paar Tage in einem luftdichten Behälter aufbewahren.

Für 300 g

2 EL neutrales Öl

100 g Popcorn-Mais

100 g gesalzene Butter

100 g Golden Syrup

Tipp
Ein Topf mit schwerem Boden und fest schließendem Deckel erleichtert das Gelingen dieses Rezepts.

Erdnuss-Popcorn

Für etwa 675 g

- 2 EL neutrales Öl
- 100 g Popcorn-Mais
- 25 g Butter
- ½ TL Salz
- 250 g Erdnüsse, ungesalzen
- 225 g Golden Syrup
- 90 g weicher dunkelbrauner Zucker
- ½ TL Weißwein- oder Apfelessig

Eine mit Karamell überzogene Erdnuss-Popcorn-Mischung ist ein beliebter Snack in den USA, wo er einst in Pappschachteln verkauft wurde. Heute bekommt man ihn eher in Tüten, aber er schmeckt noch genauso köstlich wie eh und je.

1 Öl in einem großen, schweren Topf bei mittlerer Hitze heiß werden lassen. Maiskörner hineingeben. Deckel auflegen.

2 Den Topf ab und zu schütteln, bis das Knallen des Popcorns aufhört (nach ein paar Minuten). Hitze abstellen, Popcorn in eine große Schüssel schütten.

3 Butter im warmen Topf schmelzen lassen, dann über dem Popcorn verteilen. Mit Salz bestreuen und schütteln. Die Erdnüsse einrühren.

4 Golden Syrup, braunen Zucker und Essig in einen separaten schweren Topf geben. Bei niedriger Hitze vorsichtig rühren, um den Zucker aufzulösen, dann Hitze aufdrehen und zum schwachen Flug (112 °C) kochen.

5 Den Sirup über das Popcorn gießen und gut verrühren. Masse auf ein mit Backpapier belegtes Backblech geben und völlig erkalten lassen, bevor man sie auseinanderbricht. Gleich genießen oder ein paar Tage in einem luftdichten Behälter aufbewahren.

Toffees, Karamellen und Krokant

FUDGES UND FRUCHT- UND NUSSKONFEKT

Für Fudges gibt es Rezepte in schier unendlicher Auswahl. Ob das Ergebnis perfekt ist, hängt vom richtigen Verhältnis der Zutaten ab, von den richtigen Kochtemperaturen und von der Kombination sich ergänzender Aromen. Das Spektrum des weniger üppigen, aber genauso köstlichen Frucht- und Nusskonfekts reicht von schwerem Früchtekuchen bis zu leichten, verführerischen Kokoswürfeln. Dieses Naschwerk ist zu jeder Tageszeit ein Hochgenuss.

Üppig, sahnig, nussig

In diesem Kapitel finden Sie eine große Auswahl an höchst aromatischem Konfekt, das man am besten zu besonderen Gelegenheiten mit Freunden oder in der Familie genießt. Perfekt eignen sich diese Leckerbissen als Mitbringsel.

Fudge, wohl das beliebteste selbstgemachte Konfekt, erweckt bei vielen das nostalgische Bild von Omas und Kindern, die miteinander in der Küche werkeln. Fudges ähneln Toffees und Karamellen darin, dass sie aus ganz bestimmten Mengen Zucker, Wasser, Sahne und Butter bestehen. Die Konsistenz kann sehr unterschiedlich sein, und es gibt unzählige Geschmackskombinationen. Die Grundmischung wird zum schwachen bzw. starken Flug gekocht, dann können zum Beispiel Schokolade, Vanille, Kaffee oder Nussmus beigefügt werden. Für etwas Abwechslung beim Kauerlebnis kann man gehackte Nüsse oder kandierte Zitrusschalen untermischen. Einige Rezepte verlangen, das Fudge zu schlagen, während es heiß ist, um eine körnige Konsistenz zu erreichen. Für ein absolut glattes Fudge wird überhaupt nicht gerührt.

Das »Tablet«, eine berühmte schottische Süßigkeit, stammt aus derselben Familie wie Fudge, ist aber fester und wird meist mit gesüßter Kondensmilch anstatt Sahne hergestellt. Tablets sind auch eine ausgezeichnete Grundlage für Zutaten wie Vanille oder gehackte Früchte, zum Beispiel Feigen.

Italien ist die Heimat des geradezu süchtig machenden Früchte-Gewürzkuchens namens Panforte. Dieses »starke Brot« hat seine Wurzeln im 13. Jahrhundert in Siena und wird auch außerhalb Italiens immer beliebter. Panforte wäre zum Beispiel eine wunderbare Alternative zum traditionellen Christstollen.

Weitere köstliche Zutaten sind Kokosnuss und Datteln. Beide Früchte können frisch und getrocknet zum Einsatz kommen. Getrocknete Kokosraspeln besitzen fast keine Feuchtigkeit mehr; manchmal werden sie gesüßt, was sie wieder feuchter macht. Frische Kokosnuss ist eine wunderbare Zutat, besonders wenn man weiß, wie man die Nuss ohne große Mühe aufbekommt. Um beste Ergebnisse zu erzielen, sollten Sie Kokosnuss bester Qualität und frische Datteln von der richtigen Sorte kaufen.

Fudges und Frucht- und Nusskonfekt

Vanille-Fudge

Dieses klassische Rezept ergibt ein einfaches, aber köstliches Fudge, das als Grundlage für viele verschiedene Aromen dienen kann. Schlägt man die Masse, erhält sie eine körnige Textur, die für viele Fudges typisch ist. Wenn Sie eine gröbere Konsistenz wünschen, rühren Sie die Masse, wenn sie heiß ist.

Für etwa 1 kg

½ Vanilleschote

125 g Butter und Butter zum Einfetten

300 ml Milch

900 g feiner Zucker

2 TL Vanilleextrakt

1 sehr kleine Prise Salz

1 Eine 20 × 20 cm große Form einfetten und mit Backpapier auslegen; das Papier soll auf gegenüberliegenden Seiten überstehen. Eiswasserbad vorbereiten.

2 Vanilleschote längs spalten und das Mark ausschaben; Butter in ca. 1 cm große Würfel schneiden. Milch mit Vanillemark und -schote, Zucker und Butter bei mittlerer Hitze unter ständigem Rühren erhitzen, bis sich der Zucker aufgelöst hat.

3 Masse zum Kochen bringen. Mit fest schließendem Deckel zudecken und 2 Minuten kochen lassen, dann Deckel abnehmen.

4 Ohne umzurühren die Masse zum starken Flug (114 °C) kochen.

5 Den Topf für ein paar Sekunden in das Eiswasserbad stellen. Vanilleschote entfernen, Vanilleextrakt und Salz einrühren.

6 Den Topf an einen kühlen Platz stellen, bis die Masse lauwarm ist (ca. 43 °C). Währenddessen nicht umrühren.

7 Die Masse mit einem Holzlöffel schlagen, bis sie glatt und cremig-dick ist.

8 In die vorbereitete Form gießen und völlig erkalten lassen.

9 In der Form in Quadrate schneiden, dann an den überstehenden Rändern des Backpapiers herausheben. In luftdichtem Behälter aufbewahren.

Tipp
Zügig arbeiten, damit das Fudge nicht fest werden kann.

Für etwa 1,2 kg

75 g Butter und Butter zum Einfetten

800 g feiner Zucker

250 ml Milch

350 g Bitterschokolade (55–60 % Kakaoanteil), grob gehackt

1 TL Vanilleextrakt

Traditionelles Schokoladen-Fudge

Dieser zeitlose Klassiker ist ein weiches Fudge, das nicht bearbeitet, sondern nur bis zur richtigen Temperatur geschmolzen und dann in eine Form gegossen wird. In dieser Variante wird dunkle Bitterschokolade verwendet, die mit der Süße kontrastiert, aber Sie können auch Milchschokolade nehmen.

1 Eine 20 × 30 cm große Form einfetten und mit Backpapier auslegen; das Papier soll auf gegenüberliegenden Seiten überstehen. Eiswasserbad vorbereiten. Butter in ca. 1 cm große Würfel schneiden.

2 Zucker, Milch und Butter in einem großen, schweren Topf auf mittlerer Hitze unter ständigem Rühren erhitzen, bis der Zucker sich aufgelöst hat.

3 Dann die Masse ohne zu rühren zum Kochen bringen und ca. 10 Minuten leise köcheln lassen, bis sie die Stufe des starken Flugs (114 °C) erreicht hat.

4 Topf sofort für ein paar Sekunden in das Eiswasserbad stellen. Vanilleextrakt einrühren. Masse in die Form gießen und ganz abkühlen lassen.

5 An dem Papier aus der Form heben und in Würfel schneiden. Gleich genießen oder in luftdichtem Behälter aufbewahren.

Fudges und Frucht- und Nusskonfekt

Mandel-Milch-Fudge

Dieses Fudge ist von einer beliebten indischen Süßigkeit inspiriert, die mit Mandeln und geklärter Butter gemacht, und mit echtem Silber dekoriert wird. Butter gibt dem Fudge einen nussigen Geschmack, Mandeln verleihen ihm eine körnige Konsistenz.

Für etwa 800 g

100 g Butterschmalz oder 115 g Butter
Butter zum Einfetten
500 ml Crème double
175 g feiner Zucker
500 g gemahlene Mandeln
essbares Blattgold oder -silber (optional)

Tipp
Sie können das Fudge mit Orangen- oder Rosenblütenwasser aromatisieren, doch die schlichte Mixtur von Mandeln, Sahne, Zucker und Butter ist selbst schon köstlich.

1 Butterschmalz bei kleiner Hitze zerlassen.
2 Wenn Sie kein Butterschmalz haben, die Butter klären. Butter in einem kleinen Topf bei schwächster Hitze zerlassen, ohne umzurühren. Die gelbe, klare Flüssigkeit in eine große Tasse abgießen, dabei die Molke – die festen Milchbestandteile, die sich am Boden gesammelt haben – vollständig zurückbehalten. Wenn nötig, einen Teil der Butter im Topf lassen; wichtig ist, dass die geklärte Butter von Molke völlig frei ist. Übrig bleibendes Butterfett kann man zwei Wochen in einem luftdichten Behälter im Kühlschrank aufbewahren.
3 Eine 20 × 20 cm große Form einfetten und mit Backpapier auslegen; das Papier soll auf gegenüberliegenden Seiten überstehen.
4 Crème double in einem schweren Topf bei mittlerer Hitze zum Kochen bringen. 10 Minuten kochen lassen, dann den Zucker hinzugeben und rühren, bis er sich aufgelöst hat.
5 Gemahlene Mandeln und 50 g geklärte Butter hinzugeben. Weitere 5 Minuten erhitzen, dabei ständig rühren.
6 Die Masse in die Form geben und festdrücken. Mit Backpapier bedecken und mit einem Brett beschweren, auf das Sie noch einige schwere Gegenstände stellen. 10 Minuten abkühlen lassen.
7 Gewichte und Brett entfernen. Das Fudge eventuell mit Blattsilber oder -gold dekorieren.
8 Fudge in rautenförmige Stücke schneiden, während es noch warm ist. Dann völlig erkalten lassen und aus der Form nehmen. In luftdichtem Behälter aufbewahren.

Espresso-Macadamia-Fudge

Macadamia-Nüsse sind der perfekte Partner für Fudges, da ihre ölige und doch knackige Textur die sahnige Konsistenz des Fudges wundervoll ergänzt. Kaffeeextrakt sorgt für zusätzlichen Pep. Wenn Sie eine Espressomaschine besitzen, fügen Sie auf jeden Fall einen kleinen Schuss Espresso anstatt des Instantkaffees hinzu. Ideal wäre eine sehr kräftige Bohnenmischung. Kaufen Sie frische Nüsse, Macadamia-Nüsse halten sich nicht lange.

1 Eine 20 × 30 cm große Form einfetten und mit Backpapier auslegen; das Papier soll auf gegenüberliegenden Seiten überstehen.
2 Zucker, Glukosesirup und Crème double in einem großen, schweren Topf bei mittlerer Hitze unter ständigem Rühren erhitzen, bis der Zucker sich aufgelöst hat.
3 Die Masse zum Kochen bringen und ohne umzurühren etwa 10 Minuten leise köcheln lassen, bis sie die Stufe des starken Flugs (114 °C) erreicht hat.

4 Topf vom Herd nehmen. Schokolade, Nüsse, Butter und aufgelösten Kaffeeextrakt rasch unterrühren. Weiterrühren, bis Schokolade und Butter geschmolzen sind und alles sich gut verbunden hat.
5 Masse in die vorbereitete Form gießen und völlig erkalten lassen. Das kann 8 Stunden dauern.
6 Fudge am Backpapier aus der Form heben, in Quadrate schneiden und genießen. In luftdichtem Behälter aufbewahren.

Für etwa 1,3 kg

750 g feiner Zucker

250 ml Glukosesirup

300 g Crème double

375 g Milchschokolade, gehackt

250 g Macadamia-Nüsse, gehackt

75 g Butter, in 1 cm große Würfel geschnitten, und Butter zum Einfetten

1 TL Kaffee- oder Espressoextrakt, aufgelöst in 2 TL kochendem Wasser

Clementinen-Fudge

Göttliche Goldnuggets aus kandierter Clementinenschale machen aus diesem Fudge etwas Besonderes. Stellen Sie wenn möglich die kandierten Schalen selbst her, da sie intensiver und authentischer schmecken. Zu kaufen sind sie wohl nur in Spezialgeschäften. Wenn Sie keine kandierte Clementinenschale finden, verwenden Sie kandierte Orangen- oder Zitronenschale.

1 Eine 20 × 30 cm große Form einfetten und mit Backpapier auslegen; das Papier soll auf gegenüberliegenden Seiten überstehen.

2 Zucker, Glukosesirup, Crème double, Butter und Clementinenschale in einem großen, schweren Topf bei mittlerer Hitze unter ständigem Rühren erhitzen, bis sich der Zucker aufgelöst hat.

3 Die Masse zum Kochen bringen und ohne umzurühren etwa 10 Minuten leise köcheln lassen, bis sie die Stufe des starken Flugs (114 °C) erreicht hat.

4 Topf vom Herd nehmen und die weiße Schokolade, 100 g kandierte Clementinenschale, Clementinensaft und Zitronensaft einrühren.

5 Die Masse in die Form gießen und die restliche kandierte Clementinenschale darüberstreuen.

6 Völlig erkalten lassen. Das kann bis zu 8 Stunden dauern.

7 Fudge an den Seiten des Backpapiers aus der Form heben und auf ein Brett legen.

8 In Quadrate schneiden und genießen. In luftdichtem Behälter aufbewahren.

Für etwa 1,3 kg

750 g feiner Zucker

50 ml Glukosesirup

300 g Crème double

100 g Butter, in 1 cm große Würfel geschnitten

1 EL abgeriebene Clementinenschale

350 g weiße Schokolade, gehackt

150 g kandierte Clementinenschale, gehackt

2 EL Clementinensaft

2 EL Zitronensaft

Für etwa 1,3 kg

75 g Butter

150 g geröstete und gesalzene Erdnüsse

100 g Zartbitterschokolade (64 % Kakaoanteil)

750 g feiner Zucker

250 ml Glukosesirup

300 g Crème double

200 g Erdnussbutter

Erdnuss-Fudge

Dieses Fudge hat eine herrliche Konsistenz. Die Kombination von weicher, sahniger Erdnussbutter und Schokolade ergibt eine samtige Textur, die auf keine andere Art zu erreichen ist. Nehmen Sie eine reine Erdnussbutter ohne Zucker- oder Fettzusatz.

1 Eine 20 × 30 cm große Backform einfetten und mit Backpapier auslegen; das Papier soll auf gegenüberliegenden Seiten überstehen. Butter in 1 cm große Würfel schneiden. Erdnüsse und Schokolade klein hacken.

2 Zucker, Glukosesirup, Crème double und Butter in einem großen, schweren Topf bei mittlerer Hitze unter ständigem Rühren erhitzen, bis sich der Zucker aufgelöst hat.

3 Die Masse zum Kochen bringen und ohne umzurühren etwa 10 Minuten leicht köcheln lassen, bis sie die Stufe des starken Flugs (114 °C) erreicht hat.

4 Topf vom Herd nehmen, die Erdnussbutter einrühren. Erdnüsse und Schokolade behutsam unterheben.

5 Masse in die vorbereitete Form gießen und völlig erkalten lassen. Das kann bis zu 8 Stunden dauern.

6 Fudge am Backpapier aus der Form heben, in Quadrate schneiden und genießen. In luftdichtem Behälter aufbewahren.

VARIATION: Sie können auch Erdnussbutter mit Stücken (»crunchy«) nehmen, das verändert allerdings die Konsistenz dieses Fudges.

Joghurt-Pekannuss-Fudge

Dieses Fudge ähnelt dem in einigen US-Staaten verbreiteten Penuche Fudge, dessen Kennzeichen der braune Zucker ist. Diese moderne Version wird durch die Verwendung von Joghurt anstatt Crème double leichter und frischer.

Für etwa 550 g

225 g Vollmilch-Joghurt

1 TL Backnatron

400 g Demerara-Zucker

2 EL Glukosesirup

60 g Butter und Butter zum Einfetten

150 g geröstete Pekannüsse, gehackt

Tipp
Verwenden Sie für dieses Rezept keinen griechischen Joghurt aus Schafsmilch.

1 Joghurt und Backnatron in einem großen, schweren Topf verrühren und 20 Minuten stehen lassen.

2 Eine runde oder quadratische Backform mit 20 cm Ø bzw. Seitenlänge einfetten und mit Backpapier auslegen. Eiswasserbad vorbereiten.

3 Zucker und Glukosesirup zum Joghurt geben. Bei mittlerer Hitze unter ständigem Rühren erhitzen, bis sich der Zucker aufgelöst hat.

4 Die Masse zum Kochen bringen, dann die Butter unterrühren. Masse zum starken Flug (114 °C) kochen.

5 Vom Herd nehmen und den Topf sofort ein paar Sekunden in das Eiswasserbad stellen. Beiseitestellen und abkühlen lassen, bis die Mischung lauwarm ist (etwa 50 °C).

6 Die Masse cremig schlagen, dann die gehackten Pekannüsse hinzufügen. In die Form gießen und erkalten lassen. Das kann bis zu 8 Stunden dauern.

7 Fudge am Backpapier aus der Form heben, in Stücke schneiden und genießen. In luftdichtem Behälter aufbewahren.

Rocky Road Fudge

Rocky Road Fudge ist ein Klassiker in den USA, wo man es meist zu Eiscreme serviert. In einer Kastenform zubereitet und wie eine Terrine in Scheiben geschnitten, sieht das Fudge besonders toll aus. Aber Vorsicht, es ist sehr reichhaltig!

1 Eine Kastenform (etwa 10 × 23 cm) mit Klarsichtfolie auslegen, sodass die Folie über die Seiten reicht. Butter in ca. 1 cm große Würfel schneiden, Schokolade in kleine Stücke brechen.
2 Walnüsse grob hacken, Marshmallows in kleine Stücke schneiden, Kirschen halbieren.
3 Zucker, Milch und Butter in einem mittelgroßen, schweren Topf auf mittlerer Hitze unter ständigem Rühren erhitzen, bis sich der Zucker aufgelöst hat.
4 Die Masse zum Kochen bringen und etwa 10 Minuten ohne Umrühren leise köcheln lassen, bis sie die Stufe des starken Flugs (114 °C) erreicht hat.
5 Schokolade, Vanilleextrakt und Salz einrühren.

6 Etwa ein Drittel der Masse in die Kastenform füllen. Die Hälfte der Kirschen, Marshmallows und Walnüsse darüberstreuen. Mit einem weiteren Drittel Fudge bedecken, dann die restlichen Kirschen, Marshmallows und Walnüsse darüberstreuen. Mit dem restlichen Drittel des Schokoladenfudges bedecken.
7 Ein Stück Backpapier auf das Fudge legen und mit den Händen fest nach unten drücken. Erkalten lassen. Das kann bis zu 8 Stunden dauern.
8 An den überstehenden Rändern der Klarsichtfolie aus der Form heben und auf ein Servierbrett stellen. In 1 cm dicke Scheiben schneiden. Hält sich in einem luftdichten Behälter bis zu einer Woche.

Für etwa 3 kg

150 g Butter

700 g Zartbitterschokolade (55–60 % Kakaoanteil)

75 g Walnüsse

130 g Marshmallows

90 g Amarenakirschen oder Sauerkirschen in Sirup

1,4 kg feiner Zucker

500 ml Milch

2 TL Vanilleextrakt

¼ TL Salz

Fudges und Frucht- und Nusskonfekt

Vanille-Tablet

Für etwa 1 kg

900 g feiner Zucker

125 g Butter und Butter zum Einfetten

150 ml Wasser

150 ml Milch

1 Vanilleschote

200 ml gezuckerte Kondensmilch

Tablet ist eine Kreuzung von Fudge und Toffee und entstand im 18. Jahrhundert in Schottland. Ähnlich wie Fudge hat es eine körnige Textur, ist jedoch härter. Traditionell wurde es nur aus Zucker und Sahne gemacht; da diese Mixtur jedoch leicht anbrennt, wurde das Rezept auf gesüßte Kondensmilch umgestellt.

1 Eine 20 × 20 bis 23 × 23 cm große Form einfetten und mit Backpapier auslegen.
2 Zucker, Butter, Wasser und Milch in einem großen, schweren Topf bei geringer Hitze unter Rühren erhitzen, bis alles gut verbunden ist.
3 Vanilleschote längs aufschlitzen und das Mark herauskratzen, beides zu der Masse geben.
4 Vorsichtig weiterrühren, bis der Zucker sich aufgelöst hat, dann auf mittlerer Hitze zum Kochen bringen. Den Sirup nicht mehr rühren, da er sonst kristallisiert.
5 Masse zum starken Flug (114 °C) kochen, dann die Kondensmilch unterrühren. Auf 116 °C erhitzen, dann vom Herd nehmen.
6 Masse 5 Minuten abkühlen lassen. Vanilleschote entfernen.
7 Den Sirup kräftig mit einem Holzlöffel rühren, bis er heller und cremig wird. Das kann einige Minuten dauern.
8 Durch ein Sieb in die Form füllen. Ein paar Stunden auskühlen und fest werden lassen.
9 Aus der Form nehmen und auf einem Brett in Quadrate schneiden. In einem luftdichten Behälter aufbewahren.

Tipp

Anstatt die aus dem Sirup genommene Vanilleschote wegzuwerfen, können Sie sie abspülen und an einem warmen Ort trocknen. Legen Sie sie dann in ein Glas mit Zucker, um Vanillezucker herzustellen.

Feigen-Tablet

Dieses Tablet hat eine wunderbare Textur: weiches Fudge voller knuspriger Feigensamen. Auch mit anderen Trockenfrüchten, zum Beispiel Aprikosen oder Pflaumen, ist Tablet echt köstlich. Nehmen Sie keine frischen Feigen, ihr Saft würde verhindern, dass die Tablets fest werden.

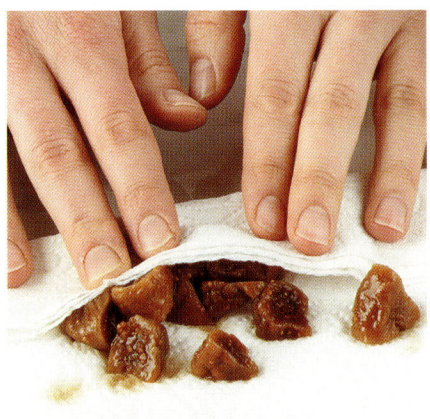

1 Eine 20 × 20 bis 23 × 23 cm große Form einfetten und mit Backpapier auslegen.
2 Die Feigen hacken und in einer kleinen Schüssel mit kochendem Wasser bedecken. Etwa 30 Minuten weichen lassen.
3 Milch, Wasser, Butter, Salz und Zucker in einen großen, schweren Topf geben, auf schwacher Hitze unter Rühren erhitzen, bis sich alles verbunden hat.
4 Vanilleschote längs aufschlitzen und das Mark herauskratzen, beides zu der Masse geben.
5 Unter leichtem Rühren weiter erhitzen, bis der Zucker sich aufgelöst hat, dann auf mittlerer Hitze zum Kochen bringen.
6 Masse zum starken Flug (114 °C) kochen.
7 Unterdessen die Feigen abseihen und mit Küchenpapier trocken tupfen. Wenn der Sirup die richtige Temperatur erreicht hat, Feigen einrühren.
8 Vom Herd nehmen und 5 Minuten abkühlen lassen. Die Vanilleschote entfernen.
9 Sirup kräftig mit einem Holzlöffel rühren, bis er heller und cremig wird. Das kann ein paar Minuten dauern.
10 In die vorbereitete Form gießen und erkalten lassen.
11 Aus der Form nehmen und auf einem Brett in Quadrate schneiden. In einem luftdichten Behälter aufbewahren.

VARIATION: Ersetzen Sie die Feigen durch getrocknete, ungesüßte Kokosraspeln und fügen Sie 1 EL weißen oder braunen Rum hinzu. Anstatt der Vanilleschote können Sie auch 2 EL Vanilleextrakt nehmen.

Für etwa 1,3 kg

100 g getrocknete Feigen

150 ml Milch

150 ml Wasser

50 g Butter und Butter zum Einfetten

½ TL Salz

900 g feiner oder Kristallzucker

1 Vanilleschote

Sauerkirsch-Panforte

Panforte ist ein fester, sehr aromatischer Früchtekuchen, für den man eine ganze Reihe von Zutaten mit einem zähen Zuckersirup mischt. Die im Panforte ursprünglich enthaltenen 17 Zutaten repräsentieren die 17 Stadtteile (»contrade«) von Siena, der Stadt, die für diese Spezialität berühmt ist.

1 Backofen auf 170 °C (Gas Stufe ½–⅔) vorheizen. Die Mandeln auf einem Backblech verteilen und in den Ofen schieben. Nach 12 Minuten prüfen: Sie sollten innen gelblich sein und leicht geröstet schmecken.

2 Mandeln in eine große Schüssel geben und beiseitestellen. Backofen auf 150 °C (Gas Stufe ½) zurückschalten.

3 Zwei runde Kuchenformen mit 15–18 cm Ø einfetten. Aus dem Reispapier zwei Kreise für die Böden und Streifen für den Rand schneiden.

4 Kandierte Schalen und Kirschen in kleine, gleichmäßige Stücke schneiden. Zu den gerösteten Mandeln in die Schüssel geben.

5 Mehl, Salz, Zimt, Muskatnuss, schwarzen Pfeffer, Nelke und Cayennepfeffer zusammen durchsieben und zu den Früchten und Nüssen geben.

6 Honig, Zucker und Glukosesirup in einem schweren Topf mischen und zum starken Flug (114 °C) kochen.

7 Alle Zutaten in der Schüssel zum Sirup geben und rasch, aber gründlich unterziehen. In die Tortenformen füllen.

8 Formen in den Backofen stellen und exakt 35 Minuten backen.

9 Panforte aus dem Backofen nehmen und in den Formen auskühlen lassen.

10 Vorsichtig aus den Formen nehmen und auf eine Servierplatte legen, mit Puderzucker bestäuben. Panforte in Stücke schneiden und gleich genießen. In einem luftdichten Behälter kann er bis zu 2 Wochen aufbewahrt werden.

Für 2 Kuchen

500 g ungeschälte ganze Mandeln
Butter zum Einfetten
4 Blätter Reispapier
100 g Zitronat
100 g kandierte Zitronenschale
100 g kandierte Orangen- oder Clementinenschale
200 g getrocknete Sauerkirschen
250 g Mehl
½ TL Salz
1 TL gemahlener Zimt
½ TL frisch geriebene Muskatnuss
½ TL gemahlener schwarzer Pfeffer
½ TL gemahlene Nelken
1 Msp. Cayennepfeffer
350 g Honig
300 g Zucker
175 g Glukosesirup
Puderzucker zum Bestäuben

Für 36 Röllchen

36 große Datteln, z. B. Medjool

150 g getrocknete, ungesüßte Kokosraspeln

Tipp
Diese Leckerei ist ein perfektes Mitbringsel, besonders in einer Geschenkschachtel mit einem hübschen Band.

Kokos-Dattel-Röllchen

Diese leckeren Häppchen, die früher vor allem im Reformhaus zu finden waren, sind unglaublich leicht zu machen und ein köstlicher kleiner Nachtisch. Sie enthalten viel Ballaststoffe und sind viel gesünder als manche andere Nascherei, schmecken aber keineswegs weniger gut! Verwenden Sie möglichst ungesüßte Kokosraspeln.

1 Datteln halbieren und Kerne mit einem kleinen Messer entfernen.

2 Wenn Sie Medjool-Datteln nehmen, die meist fester sind als andere Sorten, lassen Sie sie in 1 EL Wasser ca. 5 Minuten dünsten, bis sie weich sind.

3 Datteln mit der Rückseite eines Löffels durch ein Sieb in eine Schüssel drücken.

4 Aus der Dattelmasse kleine Rollen formen, ungefähr in der Größe und Form, die die Datteln ursprünglich hatten.

5 Kokosraspeln in eine flache Schüssel geben und die Dattelröllchen darin wälzen.

6 Die Kokos-Dattel-Röllchen in kleine Papierförmchen setzen und gleich genießen. In einem luftdichten Behälter kann man sie einige Tage aufbewahren.

Fudges und Frucht- und Nusskonfekt

Kokoswürfel

Die rosa Speisefarbe ist kein Muss, aber damit sieht das Konfekt fast genauso aus wie die beliebten Kokoswürfel vom Jahrmarkt. Die Verwendung von Kokosmilch anstatt normaler Milch intensiviert den Kokosnussgeschmack. Sie können auch einen Schuss Rum hinzufügen, als feinen Kontrapunkt zum zuckersüßen Kokosaroma.

Für etwa 1,3 kg

Butter zum Einfetten

750 g feiner Zucker

300 ml Kokosmilch

½ TL Salz

275 g getrocknete, ungesüßte Kokosraspeln

2–3 Tropfen rosa oder andere Speisefarbe (optional)

1 Eine 20 × 20 cm große Form einfetten und mit Backpapier auslegen.
2 Zucker, Kokosnussmilch und Salz in einem schweren Topf bei mittlerer Hitze unter Rühren erhitzen, bis der Zucker aufgelöst ist.
3 Die Masse zum Kochen bringen. Die Kokosraspeln gut unterrühren.
4 Zwei Drittel der Masse in die Form gießen. Das restliche Drittel mit einigen Tropfen Speisefarbe vermischen, dann rasch über die erste Lage in der Form gießen.
5 Die Oberfläche mit einer Winkelpalette glätten und die Masse festdrücken.
6 Die Kokosnussmasse völlig erkalten lassen. Das kann einige Stunden dauern.
7 An den Rändern des Backpapiers aus der Form heben und auf einem Brett in Quadrate schneiden. Gleich genießen oder in einem luftdichten Behälter aufbewahren.

VARIATION: Sie können die Kokosmilch durch dieselbe Menge Vollmilch ersetzen.

Schokoladenmakronen

Diese Makronen vereinen feuchte Kokosnuss mit dunkler Schokolade. Mit unserem Rezept bekommen Sie weiche Kekse mit leicht knuspriger Hülle, gefüllt mit dunkler Schokolade. Am besten schmecken die Makronen, wenn die Schokolade noch nicht ganz fest geworden ist.

1 Backofen auf 160 °C (Gas Stufe 2) vorheizen. Ein Backblech mit Backpapier auslegen. Schokolade in kleine Stücke brechen.

2 Alle Zutaten außer der Schokolade in einem schweren Topf bei mittlerer Hitze unter ständigem Rühren etwa 7 Minuten kochen, bis die Mischung undurchsichtig und klebrig ist. Die Kokosraspeln sollten gerade beginnen, am Boden anzubrennen.

3 Die Masse in eine Schüssel umfüllen und erkalten lassen.

4 Kokosmasse esslöffelweise auf das Backblech setzen.

5 Mit dem Stiel eines Holzkochlöffels in die Mitte der Makronen eine kleine Vertiefung drücken.

6 In den Backofen schieben und etwa 12 Minuten backen, bis die Makronen am Rand gerade goldbraun sind.

7 Schokolade in eine Stahlschüssel geben und in ein gut handwarmes Wasserbad (45–50 °C) stellen. Die Schokolade schmelzen lassen.

8 Schokolade in einen Spritzbeutel mit feiner Tülle füllen und die Vertiefungen in den Makronen damit füllen.

9 Abkühlen lassen, bis die Schokolade beinahe fest ist, dann gleich genießen. Die Makronen isst man am besten am selben Tag, an dem sie gebacken werden, aber man kann sie auch bis zu einer Woche in einem luftdichten Behälter aufbewahren.

Für etwa 18 Makronen

- 100 g Zartbitterschokolade
- 2 Eiweiße
- 125 g feiner Zucker
- 1 Msp. Salz
- 2 TL Honig
- 100 g ungesüßte Kokosraspeln
- ½ TL Vanilleextrakt

Tipp

Statt eines Spritzbeutels können Sie auch einen Frischhaltebeutel nehmen. Füllen Sie die Schokolade in eine Ecke, schneiden Sie ein kleines Eck ab und drücken Sie die Schokolade heraus.

Fudges und Frucht- und Nusskonfekt

MARSHMALLOWS, NOUGAT UND BAISERS

Eiweiß ist die Hauptzutat in dieser Sammlung köstlichen Naschwerks, das auf der Zunge zergeht. Die süßen Kunstwerke aus einfachem Zuckersirup und steifgeschlagenem frischem Eiweiß reichen von luftigen Meringen und Marshmallows bis zum knackigen weißen Nougat. Vor allem für besondere Gelegenheiten lohnt sich die Mühe, aus Zuckermasse kleine Mäuse oder eine süße Alternative zum traditionellen Schokoladen-Osterei zu formen.

LUFTIG, KLEBRIG, EXTRAVAGANT

Marshmallows, die im Mund schmelzen, sind bei Kindern immer ein Hit, ob einfach so, über Holzfeuer geröstet, mit Schokolade überzogen oder auf schaumigem Kakao serviert. Sie bestehen aus zum starken Ballen gekochtem Zuckersirup, dem Gelatine hinzugefügt wird; diese Mischung wird mit steifgeschlagenem Eiweiß zu einer leichten, schaumigen Masse geschlagen, die man in einer Backform erkalten lässt. Wird das Eiweiß nicht in einem Kupfertopf geschlagen, ist es empfehlenswert, eine Prise Weinstein hinzuzufügen. Das stabilisiert das Eiweiß, sodass es perfekte Spitzen bekommt. Wenn die Marshmallow-Masse fest geworden ist, wird sie aus der Form genommen und auf einem mit Puderzucker eingestäubten Brett mit einem Messer oder Ausstechformen in Portionen geteilt.

Auch bei Nougat ist die Grundlage Zuckersirup und steifgeschlagenes Eiweiß, aber wenn die Masse in der Form ist, wird sie zusammengedrückt, um die darin enthaltene Luft zu entfernen.

Das Produkt ist im Mund zunächst klebrigzäh, das gibt sich aber sofort. Honig, ein weiterer Hauptbestandteil von Nougat, wird erst zugefügt, nachdem der Sirup gekocht wurde, sonst würde sich sein Geschmack verändern. Oft enthält Nougat Mandeln, Nüsse oder Pistazien und Orangen- oder Rosenblütenwasser. Der fertige Nougat wird meist zwischen zwei Blätter sehr dünnem, geschmacklosem Reispapier gebettet und manchmal über Nacht gepresst. Zum Schluss wird er in hübsche Riegel geschnitten, sodass die klebrige Zuckermasse ihren nussigen Inhalt gleich erkennen lässt – unwiderstehlich.

Baisers und ihre weicheren Verwandten, die in England Divinity heißen (auf Deutsch »Göttlichkeit« – und göttlich sind sie!) werden aus einer ähnlichen Mischung aus Zuckersirup und Eiweiß gemacht. Für Divinitys kocht man den Zuckersirup zum schwachen Ballen, bevor man ihn zum Eiweiß gibt. Baiser ist eine leichte Masse aus Zucker und sehr steif geschlagenem Eiweiß, die im Backofen über einen langen Zeitraum bei niedriger Temperatur getrocknet wird.

Für Zuckerfiguren drückt man Zucker mit Eischnee oder Trockeneiweiß in eine Form und lässt die Masse trocknen. Man kann die gewünschten Figuren auch aus fertiger Fondantmasse modellieren und sie dann dekorieren.

Marshmallows, Nougat und Baisers 79

Vanille-Marshmallows

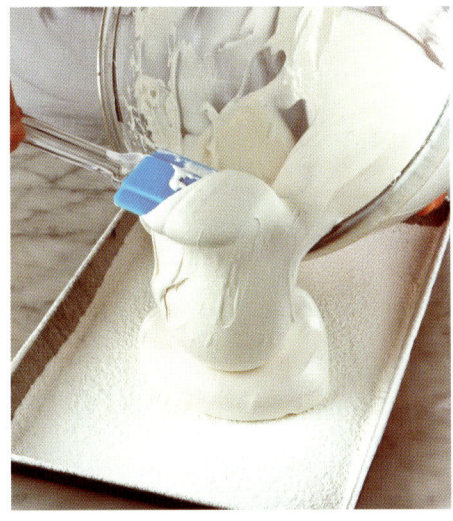

Für etwa 900 g

Neutrales Öl zum Einfetten

50 g Puderzucker

50 g Stärke

2 Eiweiße

½ Vanilleschote

400 g feiner Zucker

1 EL Glukosesirup

375 ml kaltes Wasser

4 EL gemahlene Gelatine

2 EL Vanilleextrakt

Selbstgemachte schaumige Marshmallows schmecken anders als gekaufte; denn weil sie sofort genossen werden und nicht Monate halten müssen, sind sie frei von Konservierungsstoffen. Sie können in vielen Aromen und Farben hergestellt werden.

1 Ein Backblech ölen. Puderzucker und Stärke in einer Schüssel vermengen, und um sie noch gründlicher zu vermischen, in eine andere Schüssel sieben. Einen Teil der Mischung großzügig auf das geölte Backblech stäuben.

2 Eiweiß steifschlagen, bis sich feste Spitzen bilden (am besten mit der Küchenmaschine oder mit einem starken Handrührer). Wenn der Eischnee etwas zusammenfällt, vor Verwendung rasch noch einmal aufschlagen.

3 Die halbe Vanilleschote aufschlitzen, das Mark herausschaben. Zucker, Glukosesirup, Vanilleschote und -mark und die Hälfte des Wassers in einen kleinen Topf geben und den Zucker bei schwacher Hitze unter Rühren auflösen.

4 Sirup zum Kochen bringen und zum starken Ballen erhitzen (130 °C).

5 Inzwischen die Gelatine mit dem restlichen kalten Wasser in einem kleinen Topf verrühren. Kurz bevor der Zuckersirup 130 °C erreicht, die Gelatine bei schwacher Hitze unter Rühren auflösen.

6 Wenn der Sirup die richtige Temperatur erreicht hat und die Gelatine aufgelöst ist, beides vermischen. Vanilleextrakt einrühren.

7 Den Eischnee in einem großen Topf mit einem Handrührer ständig rühren, gleichzeitig die Sirup-Gelatine-Masse langsam und gleichmäßig zugießen, bis alles gut vermengt ist.

8 Topf auf den Herd setzen und die Masse bei mittlerer Hitze mindestens 7 Minuten schlagen, bis sie fast steif ist. In das Backblech gießen und die Oberfläche glätten. In etwa 5 Stunden fest werden lassen.

9 Eine Arbeitsfläche mit fast der ganzen restlichen Puderzucker-Stärke-Mischung bestäuben und die Marshmallow-Masse vorsichtig daraufstürzen. In Würfel schneiden und ein paar Stunden austrocknen lassen.

10 Gleich genießen oder in einem luftdichten Behälter (Zellophantüten) aufbewahren. Vorher mit der restlichen Puderzucker-Stärke-Mischung bestäuben, damit die Marshmallows nicht aneinanderkleben.

VARIATION: Für Pfefferminz-Marshmallows die Vanilleschote in Schritt 3 weglassen, stattdessen am Ende von Schritt 5, bevor die aufgelöste Gelatine in den Sirup gerührt wird, 2 TL Pfefferminzextrakt und ½ TL grüne Speisefarbe zugeben.

Himbeer-Marshmallow-Herzen

Für etwa 800 g

- Neutrales Öl zum Einfetten
- 50 g Puderzucker
- 50 g Stärke
- 2 Eiweiße
- 400 g feiner Zucker
- 1 EL Glukosesirup
- 175 ml kaltes Wasser
- 4 EL Gelatinepulver
- 200 ml Himbeerpüree (siehe Tipp)
- 2 TL Vanilleextrakt

Tipp

* Für das Himbeerpüree 350 g Himbeeren in einem kleinen Topf etwa 10 Minuten kochen, bis der Saft austritt. Durchseihen und mit der Löffelrückseite vorsichtig allen Saft herausdrücken.

* Die Herzform macht aus diesen rosa Marshmallows etwas Besonderes, geeignet für romantische Anlässe wie den Valentinstag. Bezaubernd sind sie auch in einer Tasse heißer Schokolade.

Marshmallows kann man in fast allen Varianten aromatisieren. Besonders eignen sich Beeren, da die Säure der Früchte die Süße der schaumigen Zuckermasse angenehm ausbalanciert. Außerdem ergeben die Beeren hübsche Farben, in diesem Fall ein zartes Rosa.

1 Ein Backblech ölen. Puderzucker und Stärke in einer Schüssel vermengen, und um sie noch gründlicher zu vermischen, in eine andere Schüssel sieben. Einen Teil der Mischung großzügig auf das geölte Backblech stäuben.

2 Eiweiß steifschlagen, bis sich feste Spitzen bilden (am besten mit der Küchenmaschine oder mit einem starken Handrührer). Wenn der Eischnee etwas zusammenfällt, vor Verwendung rasch noch einmal aufschlagen.

3 Zucker, Glukosesirup und 5 EL kaltes Wasser in einen kleinen Topf geben und bei schwacher Hitze den Zucker unter Rühren auflösen.

4 Den Sirup zum Kochen bringen und zum starken Ballen erhitzen (130 °C).

5 Inzwischen die Gelatine mit dem restlichen kalten Wasser in einem kleinen Topf vermischen. Kurz bevor der Zuckersirup 130 °C erreicht, die Gelatinemischung auf schwacher Hitze unter Rühren auflösen.

6 Wenn der Sirup die richtige Temperatur erreicht hat und die Gelatine aufgelöst ist, beides vermischen und mit einem Schneebesen durchschlagen.

7 Himbeerpüree und Vanilleextrakt zugeben und gut verrühren.

8 Den Eischnee in einem großen Topf mit einem Handrührer ständig rühren, gleichzeitig die Sirup-Gelatine-Masse langsam und gleichmäßig zugießen, bis alles gut vermengt ist.

9 Topf auf den Herd setzen und die Masse bei mittlerer Hitze mindestens 7 Minuten schlagen, bis sie fast steif ist. In das vorbereitete Backblech gießen und die Oberfläche mit einer Winkelpalette glätten. Etwa 5 Stunden fest werden lassen.

10 Eine Arbeitsfläche mit fast der ganzen restlichen Puderzucker-Stärke-Mischung bestäuben und die Marshmallow-Masse vorsichtig daraufstürzen.

11 Mit Ausstechern Herzen ausstechen und ein paar Stunden austrocknen lassen.

12 Gleich genießen oder in einem luftdichten Behälter aufbewahren. Vorher mit der restlichen Puderzucker-Stärke-Mischung bestäuben, damit die Marshmallows nicht aneinanderkleben. In einer mit einem hübschen Band verzierten Zellophantüte sind diese süßen Herzen ein wunderschönes Geschenk.

84 Marshmallows, Nougat und Baisers

Marshmallow-Stangen

Für etwa 900 g

Neutrales Öl zum Einfetten

50 g Puderzucker

50 g Stärke

2 Eiweiße

400 g feiner Zucker

1 EL Glukosesirup

375 ml kaltes Wasser

4 EL Gelatinepulver

1 TL Vanilleextrakt

3 Tropfen rosa Speisefarbe

3 Tropfen gelbe Speisefarbe

Diese klassischen zweifarbigen Marshmallows herzustellen macht richtig Spaß. Das Ergebnis ist in Konsistenz und Optik einfach wunderbar. Sie können die Stangen auch zu Spiralen drehen oder zu Brezeln schlingen.

1 Ein Backblech ölen. Puderzucker und Stärke in einer großen Schüssel vermengen, und um sie noch gründlicher zu vermischen, in eine andere Schüssel sieben. Einen Teil der Mischung großzügig auf das geölte Backblech stäuben.

2 Eiweiß steifschlagen, bis sich feste Spitzen bilden (am besten mit der Küchenmaschine oder mit einem starken Handrührer). Beiseitestellen. Wenn der Eischnee etwas zusammenfällt, vor der Verwendung rasch noch einmal aufschlagen.

3 Zucker, Glukosesirup und die Hälfte des Wassers in einen kleinen Topf geben und bei schwacher Hitze den Zucker unter Rühren auflösen.

4 Sirup zum Kochen bringen und zum starken Ballen erhitzen (130 °C).

5 Inzwischen die Gelatine mit dem restlichen kalten Wasser in einem kleinen Topf verrühren. Kurz bevor der Zuckersirup 130 °C erreicht, die Gelatine bei schwacher Hitze unter Rühren auflösen.

6 Wenn der Sirup die richtige Temperatur erreicht hat und die Gelatine aufgelöst ist, beides vermischen. Vanilleextrakt einrühren.

7 Den Eischnee in einem großen Topf mit einem Handrührer ständig rühren, gleichzeitig die Sirup-Gelatine-Masse langsam und gleichmäßig zugießen, bis alles gut vermengt ist.

8 Topf auf den Herd setzen und die Masse bei mittlerer Hitze mindestens 7 Minuten schlagen, bis sie weiche Spitzen zeigt.

9 Die Masse auf zwei Schüsseln aufteilen, jede Hälfte mit einer anderen Speisefarbe färben. Mit einem Handrührer oder in einer Küchenmaschine schlagen, bis die Mischung fast steif ist.

10 Die gelbe Masse auf das vorbereitete Backblech gießen und gleichmäßig verteilen. Dann rasch die rosa Masse auf der gelben verteilen. In etwa 5 Stunden fest werden lassen.

11 Oberfläche mit der restlichen Puderzucker-Stärke-Mischung bestäuben, dann mit einer geölten Schere in Streifen schneiden.

13 Gleich genießen oder in einem luftdichten Behälter aufbewahren. Wenn Sie die Marshmallows aufbewahren, mit Puderzucker-Stärke-Mischung bestäuben, damit sie nicht aneinanderkleben.

Mandelschäumchen

Diese nussigen Baisers sollten in der Mitte leicht klebrig sein und im Mund zergehen. Ein Hauch Salz bringt das Röstaroma der Mandeln noch besser zur Geltung. Wer mag, taucht die Küsse noch in geschmolzene Schokolade.

Für etwa 250 g

- 100 g gehobelte Mandeln
- 2 Eiweiße
- 120 g Puderzucker
- 1 Prise Salz
- ½ TL Vanilleextrakt

Tipp

Beim Eiweißschlagen immer darauf achten, dass Schüsseln und Geräte peinlich sauber und absolut fettfrei sind. Eine Prise Weinstein hilft beim Steifschlagen des Eiweißes.

1 Backofen auf 180 °C (Gas Stufe 3) vorheizen. Mandeln auf einem Backblech ausbreiten und etwa 7 Minuten im Ofen rösten, bis sie goldbraun sind. Abkühlen lassen.

2 Die Mandeln mit einem Nudelholz so klein zerdrücken, dass sie durch eine Spritzbeutelöffnung passen. Zwei Backbleche mit Backpapier oder Silikonmatten auslegen.

3 Eiweiß, Puderzucker und Salz in einer Edelstahlschüssel verrühren. Schüssel über einen Topf mit leicht simmerndem Wasser stellen. Die Zutaten mit dem Schneebesen schlagen, bis das Eiweiß eine Temperatur von 49 °C erreicht hat.

4 Eiweißmasse vom Herd nehmen und den Vanilleextrakt zufügen. In der Küchenmaschine oder mit einem elektrischen Handrührer die Masse kräftig schlagen, bis sich steife, glänzende Spitzen bilden. Die zerkleinerten Mandeln unterheben.

5 Die Masse rasch in einen Spritzbeutel mit großer runder Tülle füllen und in esslöffelgroßen Portionen mit etwa 2,5 cm Abstand auf die vorbereiteten Backbleche spritzen. Spritzbeutel schnell abheben, sodass sich kleine Spitzen bilden.

6 In den vorgeheizten Backofen schieben; die Tür mit einem Holzlöffel einen Spalt offen halten, damit der Dampf entweichen kann. Etwa 20 Minuten backen, bis sich die Baiserhäufchen leicht vom Papier lösen. Wenn sie noch kleben, noch 1–2 Minuten backen. Kürzer backen, wenn man sie innen feuchter haben mag.

7 Die Baisers gleich genießen oder in einem luftdichten Behälter aufbewahren.

Erdbeerwölkchen

Diese hübschen Naschereien aus Baiser und Erdbeersahne schmecken noch köstlicher, wenn man sie eine gute Stunde vor dem Genuss fertigstellt und in einem luftdichten Behälter im Kühlschrank kühlt.

Für etwa 600 g

- 2 Eiweiße
- 115 g Puderzucker
- 1 Prise Salz
- ½ TL Vanilleextrakt
- 300 g Crème double
- 100 g Erdbeerpüree (siehe Tipp S. 82; hier 200 g Erdbeeren)
- 50 g Himbeerpüree (siehe Tipp S. 82; hier 100 g Himbeeren)
- 2 EL feiner Zucker

1 Backofen auf 180 °C vorheizen. Zwei Backbleche mit Backpapier auslegen.

2 Eiweiß, Puderzucker und Salz in einer Edelstahlschüssel verrühren. Schüssel über einen Topf mit leicht simmerndem Wasser stellen. Die Zutaten mit dem Schneebesen schlagen, bis das Eiweiß eine Temperatur von 49 °C erreicht hat.

3 Eiweißmasse vom Herd nehmen und den Vanilleextrakt zufügen. Mit einem Handrührer die Masse kräftig schlagen, bis sich steife, glänzende Spitzen bilden.

4 Die Masse rasch in einen Spritzbeutel mit großer, runder Tülle füllen und in esslöffelgroßen Portionen mit etwa 2,5 cm Abstand auf die vorbereiteten Backbleche spritzen. Spritzbeutel schnell abheben, sodass sich kleine Spitzen bilden.

5 In den vorgeheizten Backofen schieben; die Tür mit einem Holzlöffel einen Spalt offen halten, damit der Dampf entweichen kann. Etwa 20 Minuten backen, bis sich die Baiserhäufchen leicht vom Papier lösen. Wenn sie noch kleben, noch 1–2 Minuten backen.

6 Baisers völlig erkalten lassen, dann vom Papier nehmen.

7 Crème double schlagen, bis sich weiche Spitzen bilden, Erdbeer- und Himbeerpüree sowie den Zucker unterheben.

8 Einen Spritzbeutel mit der Beerensahne füllen und einen dicken Klecks auf die flache Unterseite der Baisers spritzen. Ein anderes Baiser daraufdrücken, dann in Papierförmchen setzen oder die Wölkchen auf einer Servierplatte auftürmen. Etwa eine Stunde kühl stellen oder sofort genießen.

Schoko-Baisers

Diese kleinen Baisertupfer verbergen in ihrem knautschig-weichen Inneren köstliche »Inseln« aus Schokolade. Wenn sie perfekt gebacken sind, klebt das Innere noch etwas, und serviert man sie frisch aus dem Ofen, ist auch die Schokolade noch weich.

Für etwa 250 g

- 2 Eiweiße
- 115 g Puderzucker
- 1 Prise Salz
- ½ TL Vanilleextrakt
- 100 g Zartbitterschokolade, klein gehackt

1 Backofen auf 180 °C vorheizen. Zwei Backbleche mit Backpapier auslegen.

2 Eiweiß, Puderzucker und Salz in einer Stahlschüssel verrühren, auf einen Topf mit köchelndem Wasser stellen. Alles mit dem Schneebesen schlagen, bis die Masse 49 °C warm ist.

3 Eiweißmasse vom Wasserbad nehmen und den Vanilleextrakt zufügen. Masse in der Küchenmaschine oder mit einem elektrischen Handrührer kräftig schlagen, bis sich steife, glänzende Spitzen bilden. Die Schokolade unterheben.

4 Masse in einen Spritzbeutel mit großer runder Tülle füllen und in esslöffelgroßen Portionen mit etwa 2,5 cm Abstand auf die Backbleche spritzen. Spritzbeutel rasch abheben, sodass sich kleine Spitzen bilden.

5 In den Backofen schieben; die Tür mit einem Holzlöffel einen Spalt offen halten. Etwa 20 Minuten backen, bis sich die Baisers leicht vom Papier lösen; sonst noch 1–2 Minuten backen. Kürzer backen, wenn man sie innen feuchter haben mag.

6 Baisers erkalten lassen. Gleich genießen oder in luftdichtem Behälter aufbewahren.

Meeresschaum

Dieses köstliche Konfekt, das seinen Ursprung in Irland hat, bekam seinen Namen wegen der Ähnlichkeit mit dem Schaum, der sich dort an der Meeresküste bildet. Brauner Zucker gibt ihm seine helle Karamellfarbe. Die darin golden schimmernden Stückchen kandierter Ingwer verleihen der Süße eine würzige Note.

Für etwa 500 g

- 125 g kandierter Ingwer
- 160 g Demerara-Zucker
- 160 g Kristallzucker
- 1 EL Glukosesirup
- 1 Prise Salz
- 50 ml Wasser
- 1 Eiweiß

1 Ein Backblech mit Backpapier auslegen. Ingwer in ca. 5 mm große Würfel schneiden.

2 Braunen und weißen Zucker, Glukosesirup, Salz und Wasser in einen schweren Topf geben.

3 Zucker bei mittlerer Hitze unter Rühren auflösen, dann den Sirup auf mittlerer Hitze zum schwachen Ballen (120 °C) kochen.

4 Inzwischen das Eiweiß in einer sauberen Schüssel schlagen, bis sich feste Spitzen bilden.

5 Den fertigen Sirup zum Eiweiß gießen, dabei kontinuierlich weiterschlagen.

6 Schlagen, bis sich recht feste Spitzen bilden, dann den Ingwer unterheben.

7 Die Masse esslöffelweise auf das Backpapier setzen. Die Häufchen sollten unregelmäßig geformt sein.

8 Vor dem Genuss etwa 20 Minuten ruhen lassen. Für eine besondere Gelegenheit in kleine Papierförmchen setzen.

9 In luftdichtem Behälter etwa eine Woche aufbewahren.

Walnuss-Aprikosen-Divinity

Dieses göttliche baiserähnliche Konfekt ist besonders in den Südstaaten der USA verbreitet. Oft enthält es Pekannüsse, aber auch weiche frische Walnüsse sind sehr gut geeignet. Gehackte getrocknete Aprikosen sorgen für einen interessanten Geschmackskontrast und hübsche Farbtupfer.

Für etwa 575 g

- 75 g getrocknete Aprikosen
- 75 g Walnüsse
- 325 g feiner oder Kristallzucker
- 50 ml Glukosesirup
- 1 Prise Salz
- 50 ml Wasser
- 1 Eiweiß
- 1 TL Vanilleextrakt

1. Ein Backblech mit Backpapier auslegen.
2. Aprikosen und Walnüsse klein hacken.
3. Zucker, Glukosesirup, Salz und Wasser in einen schweren Topf geben.
4. Den Zucker bei mittlerer Hitze unter Rühren auflösen, dann den Sirup auf mittlerer Hitze zum schwachen Ballen (120 °C) kochen.
5. Inzwischen das Eiweiß in einer sauberen Schüssel schlagen, bis sich feste Spitzen bilden.
6. Den fertigen Sirup zum Eiweiß gießen, dabei kontinuierlich weiterschlagen, bis sich recht feste Spitzen bilden.
7. Vanilleextrakt hinzufügen und weiterschlagen, bis sich feste Spitzen bilden, dann Walnüsse und Aprikosen unterheben.
8. Mit zwei Esslöffeln kleine Häufchen auf Backpapier setzen. Etwa 20 Minuten ruhen lassen.
9. Gleich genießen oder für eine besondere Gelegenheit in kleine Papierförmchen setzen.
10. In luftdichtem Behälter bis zu einer Woche aufbewahren.

VARIATION: Sie können die gehackten Aprikosen weglassen und stattdessen insgesamt 150 g gehackte Walnüsse untermischen.

Für etwa 850 g

200 g kandierte Kirschen

400 g feiner Zucker

120 ml Glukosesirup

½ TL Salz

120 ml Wasser

2 Eiweiße

½ TL Vanilleextrakt

½ TL Mandelextrakt

Tipp

Die kleinen Baiserhäufchen formen Sie am besten mit zwei Löffeln, so bekommen Sie die klebrige Masse auch leichter auf das Papier.

Kirschwölkchen

Die weißen Baiserhäufchen sehen mit den leuchtend roten Stückchen kandierte Kirsche einfach fabelhaft aus. Kaufen Sie hochwertige kandierte Kirschen, die Unterschiede sind groß. Vanille- und Mandelextrakt verstärken den Kirschgeschmack, sollen aber nicht in den Vordergrund treten.

1 Ein Backblech mit Backpapier auslegen.

2 150 g der kandierten Kirschen in kleine Stücke hacken, die restlichen 50 g halbieren.

3 Zucker, Glukosesirup, Salz und Wasser in einem schweren Topf verrühren.

4 Bei mittlerer Hitze den Zucker unter Rühren auflösen, dann den Sirup auf mittlerer Hitze zum schwachen Ballen (120 °C) kochen.

5 Inzwischen das Eiweiß in einer sauberen Schüssel schlagen, bis sich feste Spitzen bilden.

6 Den fertigen Sirup zum steifgeschlagenen Eiweiß gießen, dabei kontinuierlich weiterschlagen.

7 Vanille- und Mandelextrakt hinzufügen und die Masse weiterschlagen, bis sich fast feste Spitzen bilden. Die gehackten Kirschen unterheben.

8 Die Masse in esslöffelgroßen Portionen auf das Backpapier setzen, auf jedes Wölkchen eine halbe Kirsche drücken.

9 Gleich genießen oder für eine besondere Gelegenheit in kleine Papierförmchen setzen. In luftdichtem Behälter bis zu zwei Wochen aufbewahren.

Marshmallows, Nougat und Baisers

Französischer Nougat

Für etwa 50 Stück

Neutrales Öl zum Einfetten

Reispapier

100 g ungeschälte Mandeln

75 g Haselnüsse

75 g Mandelblättchen

75 g Pistazien

375 g feiner Zucker

25 g Glukosesirup

100 ml Wasser

350 g Honig

2 Eiweiße

300 g kandierte Früchte

½ TL frische oder getrocknete Lavendelknospen

1 Prise Salz

40 g weiche Butter, in kleinen Stücken

Tipp
Jede Nusssorte in diesem Rezept muss separat geröstet werden. Haselnüsse und Mandeln brauchen im Backofen (180 °C) etwas Zeit, Pistazien dagegen nur ein paar Minuten.

Nougat gibt es in zwei Haupttypen, weiß und braun. Die weiße Sorte wird mit Eischnee gemacht und ist weicher als die braune, die durch Hinzufügen von Karamell entsteht. Dies ist ein Rezept für französischen Nougat, der im 18. Jahrhundert entstanden sein soll. Der weiche, angenehm zu kauende Nougat ist voll knuspriger Nüsse und aromatischer kandierter Früchte, sodass sich wunderbar kontrastreiche Aromen und Texturen ergeben. Wenn Sie die kandierten Früchte nicht selbst herstellen, kaufen Sie nur beste Qualität.

1 Eine 15 × 15 cm große Form (für dünneren Nougat ein Backblech) einfetten und mit Reispapier auslegen. Mandeln, Haselnüsse und Pistazien im Backofen leicht rösten (siehe Tipp).

2 Glukosesirup, Wasser und 350 g Zucker in einem großen, schweren Topf zum starken Bruch (143 °C) kochen.

3 Den Honig in einem anderen Topf erhitzen, bis er zu kochen beginnt, dann zum Sirup hinzufügen. Die Mischung wieder auf 143 °C erhitzen.

4 Inzwischen die Eiweiße mit den restlichen 25 g Zucker schlagen, bis sich steife Spitzen bilden.

5 Den Zucker-Honig-Sirup langsam in dünnem Strahl zum Eiweiß gießen, dabei schlagen, bis die Mischung steif ist und glänzt. Keine Sorge, wenn sich kleine Klümpchen bilden, schlagen Sie einfach weiter.

6 100 g kandierte Früchte hacken und mit gerösteten Nüssen, Lavendelknospen und Salz unter die Nougatmischung heben.

7 Die Butter hinzufügen und gründlich unterrühren.

8 Nougat mit einem Löffel in die Form oder auf das Blech geben und mit einer Winkelpalette oder einem Messer glattstreichen.

9 Die Oberfläche des Nougats mit großen Stücken der restlichen kandierten Früchte oder auch mit ganzen Früchten dekorieren.

10 Bei Zimmertemperatur in 4–6 Stunden fest werden lassen.

11 Zum Entnehmen den Nougat mit einem geölten Messer vom Rand der Form lösen und diese stürzen; bei einem Backblech eine Winkelpalette unter den Nougat schieben.

12 Nougat in kleine Stücke schneiden. Besonders hübsch sehen Rauten aus. Gleich genießen oder in luftdichtem Behälter etwa eine Woche aufbewahren. Den Nougat nicht in den Kühlschrank stellen, er würde weich werden und die Farbe der Früchte würde sich auf der Oberfläche verteilen.

Pistazien-Nougat

Jedes Land hat seinen eigenen Nougat. Bei dieser italienischen Variante wird der Nougat mit Gewichten beschwert, damit er fester wird. Er ist aber noch immer feucht und leicht. Die Aromen von Pistazien, Honig und Orangenblüten harmonieren perfekt.

1 Ein Backblech einfetten und mit Reispapier auslegen. Mandeln und Pistazien im Backofen leicht rösten (siehe Tipp S. 92).

2 Glukosesirup, Wasser und 350 g Zucker in einem großen, schweren Topf zum starken Bruch (143 °C) kochen.

3 Den Honig in einem anderen Topf erhitzen, bis er zu kochen beginnt, dann zum Sirup hinzufügen. Die Mischung wieder auf 143 °C erhitzen.

4 Inzwischen die Eiweiße mit den restlichen 25 g Zucker steif schlagen.

5 Den Zucker-Honig-Sirup langsam in einem dünnen Strahl zum Eiweiß gießen. Keine Sorge, wenn sich kleine Klümpchen bilden; schlagen Sie weiter, bis die Mischung steif ist und glänzt.

6 Die warmen Pistazien und das Orangenblütenwasser behutsam unterziehen.

7 Den Nougat in das vorbereitete Backblech gießen.

8 Die Masse mit Reispapier und einer schweren Platte bedecken, oder verwenden Sie ein Schneidebrett und Gewichte. Sollte das Brett zum Beispiel nach Zwiebeln riechen, auf jeden Fall zwischen Nougat und Brett etwas anderes legen, sonst nimmt der Nougat den Geruch an. Etwa 4 Stunden ruhen lassen.

9 Gewichte und Brett entfernen, Nougat auf ein Brett legen. Die Seiten gerade schneiden. Nougat in Riegel oder Quadrate schneiden. Gleich genießen oder in luftdichtem Behälter etwa eine Woche aufbewahren.

Für etwa 1 kg

Neutrales Öl zum Einfetten

Reispapier

250 g ganze geschälte Mandeln, leicht geröstet

200 g Pistazien, erwärmt

375 g feiner Zucker

25 g Glukosesirup

100 ml Wasser

175 g Honig

2 Eiweiße

1 TL Orangenblütenwasser

Tipp

Nougat ist überall in der Welt anders. In Spanien ist er fest und mit Nüssen vollgepackt, in Frankreich weich, in der östlichen Welt ist er hart und mit Blütenwasser aromatisiert.

Für 1 Maus

50 g Fondant pro Maus (siehe S. 15)

einige Tropfen rosa oder braune Speisefarbe

Kaffeebohnen

silberne Zuckerperlen oder andere Deko für die Augen

weiße Schnur

ein billiger neuer Kuchenpinsel für die Schnurrhaare (optional)

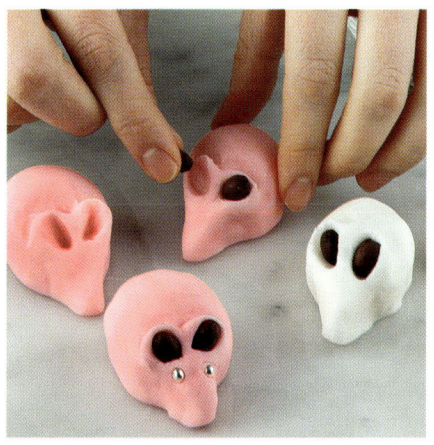

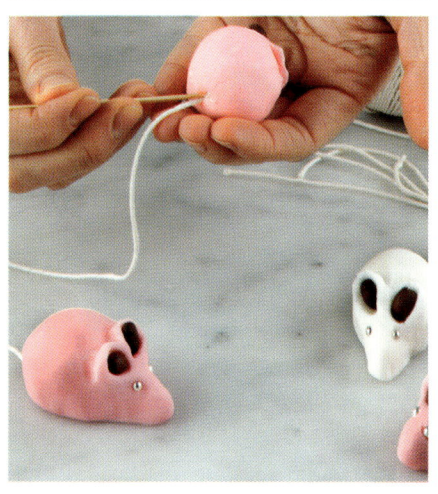

Zuckermäuse

In Großbritannien steckt man zu Weihnachten Zuckermäuse in die Strümpfe, die die Kinder an den Kamin hängen. Man kann die Mäuse aus Zuckereischnee oder wie hier aus weichem Fondant formen. Für den Eischnee wird wie bei dem Zuckerei eine Form benutzt, den Fondant modelliert man mit der Hand – eine schöne Unternehmung mit Kindern. Die Mäuse können mit allen möglichen Süßigkeiten verziert werden.

1   Den Fondant rosa oder braun färben (Gummihandschuhe tragen), je nachdem, wie die Maus aussehen soll. Der Fondant kann auch weiß bleiben.

2   Fondant zu einer Birne mit einer flachen Seite formen. Die Ohren sorgfältig mit einem Modellierstab oder einem Holzspieß formen, sodass Vertiefungen für die Kaffeebohnen entstehen. Kaffeebohnen in die Ohren drücken.

3   Augen aus Silberperlen oder anderer Deko andrücken, nach Belieben auch die Nase.

4   Für den Schwanz ein Stück Schnur und für die Schnurrhaare Borsten von dem Kuchenpinsel abschneiden und beides mit dem Modellierstab in die Zuckermaus drücken.

5   Die gewünschte Zahl Mäuse herstellen und über Nacht bei Zimmertemperatur völlig austrocknen lassen.

Zucker-Osterei

Für 1 Ei

400 g feiner Zucker

1 TL Trockeneiweiß

Lebensmittelfarbe (optional)

Stärke zum Bestäuben

3 EL Eiweiß oder Trockeneiweiß

600 g Puderzucker

Zuckerdekor

Der Blick in dieses Zucker-Osterei ist für Kinder, als würden sie in ein Märchen schauen. Die Herstellung erfordert etwas Geduld, aber das Ergebnis ist die Mühe wert und eine zauberhafte Alternative zu gekauften Schoko-Ostereiern.

1 Zucker und 1 TL Trockeneiweiß in einer großen Schüssel vermischen.

2 Zum Färben des Eis die erforderliche Menge Farbe mit 2 EL Wasser verrühren. Eine Mulde in den Zucker drücken und das Wasser, eventuell mit Farbe vermischt, hineingießen. Mit einem Holzlöffel gut vermischen, die Konsistenz soll die von nassem Sand sein.

3 Eine zweiteilige Eierform aus Plastik und eine Tortenplatte mit Stärke bestäuben. Mit einem Löffel die Zuckermischung in die Hälften der Eierform fest hineindrücken, sodass die Formen vollständig gefüllt sind.

4 Die überstehende Masse mit einer Palette von den Eihälften schaben, die Oberfläche soll mit dem Rand der Form abschließen.

5 Die Tortenplatte auf die Form legen und beides miteinander umdrehen. Form abheben. Bei der zweiten Hälfte genauso verfahren.

6 Je nachdem, ob das Ei stehen oder liegen soll, mit einem Metallspatel oder einem Faden von beiden Hälften des Eies einen kleinen Teil, etwa 5 mm, entweder vom Boden oder von der Seite entfernen. Dabei die Hälften so nebeneinanderlegen, dass sie nachher zusammenpassen.

7 Mit einem straff gehaltenen Faden von einer Eihälfte ein Stück von der gerundeten Seite abschneiden, sodass ein Fenster entsteht. Den abgeschnittenen Teil auf dem Ei liegen lassen, damit das Innere nicht austrocknet. 1–1 ½ Stunden trocknen lassen.

8 Inzwischen die Glasur vorbereiten. Eiweiß oder Trockeneiweiß sowie den Puderzucker mit 5 EL Wasser in einer großen Schüssel vermischen. Mit elektrischem Handrührer 8–10 Minuten schlagen. Die Glasur sollte kleine Spitzen bilden. Wenn nötig, mehr Wasser hinzugeben.

9 Die Glasur auf kleine Schüsseln aufteilen und jede Portion nach Belieben färben. Mit einem feuchten Tuch bedecken und beiseitestellen.

10 Den abgeschnittenen Teil des Eies vorsichtig abnehmen und wegwerfen. Mit einem Löffel um die große Fläche des Eies herum einen 5 mm breiten Rand markieren. Innerhalb dieses Rands das Ei aushöhlen.

11 Wenn so viel wie möglich ausgehöhlt ist, das Ei in die Hand nehmen und umdrehen, sodass die restliche Mischung innen durch das herausgeschnittene Fenster entfernt werden kann. Die hohle Eihälfte mit dem Fenster auf der gerundeten Seite vorsichtig ablegen.

12 Die andere Eihälfte in die Hand nehmen und vorsichtig aushöhlen, wieder einen Rand von 5 mm stehen lassen.

13 Mit den Fingern die Innenseite der Eihälften glätten, dann mit der runden Seite nach oben auf die Tortenplatte legen und 24 Stunden trocknen lassen.

14 Beide Eihälften nacheinander in die Hand nehmen und noch vorhandene raue Ränder mit einer sauberen Nagelfeile (aus festem Karton) glätten.

15 In die Innenseite der Eihälfte ohne Fenster mit der Eiweißglasur Wölkchen und Gras spritzen. In die Eihälfte mit Fenster auf den Boden Gras spritzen. Glasur trocknen lassen. Weiteren Dekor mit Zuckerglasur ankleben.

16 Zum Zusammensetzen der beiden Hälften Glasur auf den Rand einer Eihälfte spritzen. Die andere Eihälfte ansetzen und beide zusammendrücken. Einige Stunden trocknen lassen.

17 Um den Rand des Fensters und auf der Naht der beiden Hälften mit Glasur eine Verzierung anbringen. Wieder ein paar Stunden trocknen lassen.

18 In einem luftdichten Behälter aufbewahren, nicht in den Kühlschrank legen. Wenn Sie mögen, in einem hübschen Kasten mit Zierband präsentieren.

ZUCKERZEUG
AUS FRÜCHTEN
UND BLÜTEN

Zucker ist ein ausgezeichnetes Konservierungsmittel. In diesem Kapitel dient er dazu, Fruchtschalen, -säfte und -pürees in allerlei herrliches, raffiniertes Konfekt zu verwandeln, das für das Auge wie für den Gaumen ein wahrer Genuss ist. Von kandierten Fruchtschalen, Ananasringen und Blütenblättern über weiches oder festes Gelee bis zu knackigen Birnenscheiben wecken diese Naschwerk-Juwelen Erinnerungen an den Überfluss des Sommers. Der perfekte Abschluss für ein besonderes Mahl.

Fruchtig, zuckrig, elegant

Für die Verwandlung reifer Früchte in zauberhaftes Konfekt braucht man etwas Zeit, ziemlich viel Zucker, ein Geliermittel und eine Menge Freunde, um den Genuss mit ihnen zu teilen. Der Zusatz von Zucker zu Früchten, ihrem Saft oder ihrer Schale kann ihre Geschmacksintensität und Beschaffenheit vollkommen verändern. Ein solches Konfekt ist das perfekte Geschenk.

Die Schale von Zitrusfrüchten zu kandieren ist eine ausgezeichnete Methode, um sie zu verwerten, nachdem man das Innere verbraucht hat. Die Schale wird mehrere Male in Wasser und schließlich in Zuckersirup gekocht, bevor man sie mit Zucker bedeckt trocknen lässt. Sie ist eine unentbehrliche Zutat in der Küche und kann viele Süßigkeiten, Desserts, Muffins und Kuchen aufwerten. Richtig aufbewahrt, hält sie sich bis zu einem Jahr.

Ganze oder zerkleinerte Früchte wie Ananas werden durch wiederholtes Kochen und Einlegen in Zuckersirup kandiert. Jeden Tag wird derselbe Sirup weiter eingekocht, um die Aromen der Frucht zu konzentrieren, und noch mehr Zucker wird hinzugefügt, bis der Sirup den fruchteigenen Saft vollkommen ersetzt hat und ein wundervoll süßes und weiches Zuckerkonfekt entstanden ist.

Altmodische Geleebonbons können in vielen Geschmackrichtungen aromatisiert werden. Durch Gelatine und Stärke erhalten sie größere Festigkeit, sodass man sie kauend lutschen oder lutschend kauen kann – wie's beliebt. Türkischer Lokum, der nur durch Stärke gefestigt wird, gehört zum weichsten Konfekt, das aus Früchten oder Blütenextrakt hergestellt wird.

Frischen Fruchtsaft kann man mit Gelatine fest werden lassen und dann in mundgerechte kleine Stücke schneiden. Fruchtgelee wird klarer, wenn gröberer Zucker wie Einmachzucker verwendet wird. Einmachzucker wird auch empfohlen, weil er sich langsamer auflöst und dadurch nicht so leicht anbrennt.

Eine andere Methode zur Herstellung von Fruchtkonfekt ist der Einsatz von Pektin. Ganz ähnlich wie bei Marmelade werden für Fruchtkonfekt Früchte konzentriert, indem man sie für eine bestimmte Zeit kocht. Je nach dem natürlichen Pektingehalt brauchen einige Früchte, wie Quitten, überhaupt keine zusätzlichen Geliermittel. Allerdings müssen sie sehr lange gekocht werden. Sehr hübsch sind auch dünne Scheiben von Äpfeln oder Birnen, die erst in Sirup kandiert und dann durch Backen durchsichtig und knackig werden.

Zuckerzeug aus Früchten und Blüten

Kandierte Zitrusschale

Frische kandierte Zitrusfruchtschale ist weitaus besser als jede gekaufte; sie hat eine intensivere Farbe und schmeckt frischer. Da Härte und Bitterkeit verschiedener Schalen variieren, müssen Sie die Rezepte entsprechend anpassen.

Für etwa 1,2 kg

3 Grapefruits, 4 Orangen oder 12 Clementinen, unbehandelt (Bio)

800 g Kristallzucker

400 ml Wasser

100 g feiner Zucker

1 Die Früchte waschen, halbieren und entsaften. Saft anderweitig verwenden.

2 Schalen in einen Topf geben und mit kaltem Wasser bedecken. Zum Kochen bringen und 10 Minuten kochen.

3 Schalen abtropfen lassen, dann in den Topf zurückgeben und mit frischem, kaltem Wasser bedecken. Wieder kochen und wieder abtropfen lassen. Diesen Arbeitsgang bei Grapefruits fünfmal, bei Orangen dreimal und bei Clementinen zweimal durchführen.

4 Nach dem letzten Kochvorgang die Schale mit der Spitze eines scharfen Messers prüfen: Beim Hineinstechen sollte kein Widerstand zu spüren sein. Sonst noch einmal kochen.

5 Schale abtropfen und abkühlen lassen. Mit einem Löffel die innere weiße Haut herausschaben, dann die Schale mit einem scharfen Messer in 1 cm dicke Streifen schneiden.

6 Zucker im Wasser bei mittlerer Hitze unter Rühren auflösen.

7 Die Schale hinzufügen und den Sirup zum Kochen bringen; dabei nicht rühren. 45 Minuten kochen lassen, bis sich Blasen bilden (etwa 110 °C). Die Schale wird leicht durchsichtig. Über Nacht abkühlen lassen.

8 Schale aus dem Sirup nehmen und auf ein Metallgitter legen, unter dem Backpapier ausgelegt ist, um die Tropfen aufzufangen. 24 Stunden trocknen lassen.

9 Am nächsten Tag überprüfen, ob die Schale fast trocken ist. Ist sie zu feucht, löst sich der Zucker auf, in dem sie anschließend gewälzt wird; ist sie zu trocken, bleibt er nicht an ihr haften. Hat die Schale die richtige Klebrigkeit, im feinen Zucker wälzen und auf dem Metallgitter einige Stunden trocknen lassen. In einem luftdichten Behälter bis zu 6 Monate aufbewahren.

Tipp
Je dicker und bitterer die Schale ist, desto länger muss man sie kochen, damit sie ihre Bitterstoffe verliert.

Für etwa 1 kg

300 g frische Ingwerwurzel

500 g Kristallzucker

550 ml Wasser

1 El Glukosesirup

Kandierter Ingwer

Diese scharf-aromatischen Goldstücke sind ein köstlicher Leckerbissen. Wählen Sie pralle Ingwerknollen; schon etwas verschrumpelten fehlt die Schärfe, die nötig ist, um die durch das Kandieren entstehende Süße auszugleichen.

1 Ingwer schälen und in 2 cm große Stücke schneiden. Nützen Sie die Form der Wurzel für hübsch knorrige Stücke.

2 Ingwer in einen Topf geben und mit kaltem Wasser bedecken. Zum Kochen bringen und 20 Minuten kochen.

3 Abtropfen lassen, dann den Ingwer in den Topf zurückgeben und mit frischem kaltem Wasser bedecken. Wieder kochen und wieder abtropfen lassen. Diesen Prozess insgesamt viermal durchführen.

4 Zucker, Wasser und Glukosesirup in einen sauberen Topf geben. (Den Topf, in dem Sie den Ingwer gekocht haben, nicht ohne gründliche Reinigung verwenden, weil der Sirup sonst kristallisieren könnte.)

5 Bei mittlerer Hitze den Zucker unter Rühren auflösen. Dann nicht mehr rühren und den Sirup zum Kochen bringen. Den Ingwer zugeben. Etwa 45 Minuten kochen lassen, bis der Ingwer leicht durchsichtig wird.

6 Den kandierten Ingwer über Nacht im Sirup abkühlen lassen.

7 Ingwer mit einem Schöpflöffel aus dem Sirup nehmen und in ein sterilisiertes Glas füllen. Ingwer ganz mit Sirup bedecken und im Kühlschrank aufbewahren.

8 Alternativ können Sie den Ingwer auf einem Metallgitter über Nacht trocknen lassen. Am nächsten Tag in Kristallzucker wälzen und auf dem Gitter noch einige Stunden trocknen lassen.

Zuckerzeug aus Früchten und Blüten

Kandierte Ananas

Für etwa 1,2 kg

1 Ananas

etwa 1 kg Kristallzucker oder feiner Zucker

Glukosesirup

Tipp
Der süße Geschmack der Ananas wird durch diese Behandlung intensiviert, weil der Wassergehalt der Frucht durch konzentrierten Ananas-Zuckersirup ersetzt wird.

Die Zubereitung dieses Rezepts nimmt zwar einige Zeit in Anspruch – etwa 14 Tage –, doch der golden leuchtenden kandierten Ananas kommt keine andere kandierte Frucht gleich. Sie eignet sich als Geschenk und für viele festliche Rezepte.

1 Mit einem großen, scharfen Messer Spitze und Boden der Ananas abschneiden. Die Ananas hinstellen und von oben nach unten in bogenförmiger Bewegung schälen.

2 Die Ananas quer in etwa 1 cm dicke Scheiben schneiden. Mit einem Küchenmesser den inneren harten Teil kreisförmig herausschneiden.

3 Das Fruchtfleisch wiegen. Pro 500 g 250 ml Wasser abmessen und in einen großen Topf geben.

4 Die Ananasscheiben vorsichtig in das Wasser legen und bei mittlerer Hitze 15 Minuten kochen; sie sollen weich sein, aber nicht zerfallen. Ein Metallgitter auf ein Backpapier stellen und mit einem Schöpflöffel die Ananasscheiben zum Abtropfen auf das Gitter legen. Die Kochflüssigkeit aufbewahren.

5 Je 250 ml Kochflüssigkeit 150 g Zucker und 1 EL Glukosesirup hinzufügen. Bei mittlerer Hitze unter Rühren erhitzen, bis sich der Zucker aufgelöst hat. Zum Kochen bringen.

6 Die Ananasscheiben nebeneinander in einen Bräter legen und den kochenden Sirup darübergießen, sodass die Scheiben ganz bedeckt sind.

7 Mit Backpapier bedecken und leicht herunterdrücken. 24 Stunden stehen lassen.

8 Am nächsten Tag das Papier entfernen, die Ananas auf ein Metallgitter legen und den übriggebliebenen Sirup abmessen. Sirup in einen schweren Topf geben, dazu 50 g Zucker pro 300 ml Sirup. Zum Kochen bringen.

9 Ananasscheiben wieder in den Bräter legen und mit dem Sirup übergießen. Mit Backpapier bedecken, herunterdrücken und 24 Stunden stehen lassen.

10 Die Schritte 8 und 9 fünf weitere Tage wiederholen.

11 Am achten Tag 75 g Zucker pro 300 ml Sirup hinzufügen, dann die Ananas 48 Stunden darin liegen lassen.

12 Am zehnten Tag pro 300 ml Sirup 75 g Zucker hinzufügen und die Ananas weitere vier Tage darin ziehen lassen.

13 Ananasscheiben auf ein Metallgitter über einem Backblech legen. Backofen auf 110 °C (Gas Stufe ½) vorheizen. Das Blech in den Ofen schieben, Hitze abschalten und Ananas mindestens vier Stunden darinlassen.

14 Gleich genießen oder in einem Behälter im Kühlschrank bis zu sechs Monate aufbewahren.

Für so viele Blütenblätter, wie Sie kandieren wollen

ungespritzte Duftrosen

Eiweiß

sehr feiner Zucker

Kandierte Rosenblüten

Wenn in Ihrem Garten schöne, duftende Rosen wachsen, können Sie sich wirklich glücklich schätzen! Die kandierten Blüten sind eine zauberhafte Dekoration für Dessert oder Kuchen oder ein Glas Champagner.

1 Metallgitter auf eine Arbeitsfläche stellen und Backpapier darunterlegen, um den Zucker aufzufangen.

2 Die Blütenblätter behutsam von den Rosen lösen, eines nach dem anderen.

3 Mit einem neuen feinen Pinsel die Blütenblätter leicht mit glattgerührtem Eiweiß bestreichen, ein paar auf einmal.

4 Der Pinsel muss nicht jedes Mal erneut in das Eiweiß getaucht werden, eine sehr dünne Schicht reicht aus, damit der Zucker haftet.

5 Die eingestrichenen Blütenblätter mit Zucker bestreuen und zum Trocknen auf das Gitter legen. Etwa 24 bis 36 Stunden trocknen lassen.

6 Gleich verwenden oder in einem luftdichten Behälter aufbewahren. Farbe und Geschmack werden mit der Zeit schwächer, innerhalb eines Monats verbrauchen.

Türkischer Lokum

Die frisch gemachte Version eines Klassikers schmeckt sehr anders als viele kommerziell produzierte Arten. Es lohnt sich, Lokum zu probieren, auch wenn Sie ihn bisher nicht so schätzen. Seine Konsistenz ist samtigweich, das Rosenaroma mit einem Hauch Zitrone macht sie zu einem erlesenen Genuss.

1 Eine 18 × 18 cm große Form einfetten.

2 Zucker, 150 ml Wasser und Weinstein in einen schweren Topf geben. Zucker bei mittlerer Hitze unter Rühren auflösen, dann den Sirup zum starken Flug (114 °C) kochen. Beiseitestellen.

3 Stärke, Puderzucker und 50 ml Wasser in einer Schüssel zu einer Paste verrühren.

4 700 ml Wasser aufkochen und unter die Stärkepaste rühren. Zurück in den Topf geben und köcheln lassen, bis die Mischung klar und dick ist.

5 Nach und nach den Zuckersirup zur gekochten Stärke geben, dabei ständig rühren. Weitere 30 Minuten köcheln lassen.

6 Die Mischung sollte eine hellgelbe Farbe aufweisen und weitgehend durchsichtig sein.

7 Den Honig und nach Geschmack Rosenwasser und Zitronenextrakt hinzufügen. Ein paar Tropfen rosa Speisefarbe untermischen.

8 Die Masse in die Form gießen. In einigen Stunden ganz erkalten lassen.

9 Lokum auf ein großzügig mit Puderzucker bestäubtes Brett stürzen. In Würfel schneiden und in viel Puderzucker wälzen. Falls die Würfel viel Zucker aufnehmen, wiederholen.

10 Beim Verpacken in Schachteln oder anderen Behältern Puderzucker großzügig hinzugeben, damit die Würfel nicht aneinanderkleben. Gleich genießen oder in einem luftdichten Behälter bis zu einer Woche aufbewahren.

Für etwa 1,6 kg

Butter zum Einfetten

450 g feiner Zucker

900 ml Wasser

½ TL Weinstein

75 g Stärke

200 g Puderzucker, dazu Puderzucker zum Bestäuben

50 g Honig

Rosenwasser

Zitronenextrakt

rosa Lebensmittelfarbe

Zuckerzeug aus Früchten und Blüten

Ananashappen

Für diese fruchtigen Bissen können Sie selbstgemachte oder hochwertige kandierte Ananas aus dem Handel verwenden. Rum verleiht dem Konfekt den gewissen Touch und nimmt etwas von der Süße. Verwenden Sie weißen Rum, dunkler Rum würde mit seinem stärkeren Geschmack das Ananasaroma übertönen.

1 Eine 18 × 18 cm große Form einfetten und mit Backpapier auslegen.
2 Butter, Zucker und Milch in einen schweren Topf geben. Bei mäßiger Hitze unter Rühren erhitzen, bis der Zucker ganz aufgelöst ist.
3 Den Sirup zum starken Flug (114 °C) kochen. Vom Herd nehmen.
4 Gehackte kandierte Ananas, weiße Schokolade, Zitronensaft und Rum zufügen.
5 Die Masse etwas abkühlen lassen, dann zweimal umrühren und weitere 1–2 Minuten abkühlen lassen.
6 Wieder zweimal umrühren, dann 1–2 Minuten abkühlen lassen. So fortfahren und zwischen den Abkühlphasen immer wieder umrühren. Dabei wird die Mischung nach und nach dicker.
7 Masse in die Form füllen, die Oberfläche mit einer Winkelpalette flachdrücken.
8 Mit einem scharfen Messer die Oberfläche so einritzen, dass sich 36 gleich große Stücke Konfekt ergeben. Auf jedes Stück einen kleinen Keil kandierte Ananas drücken. Erkalten lassen.
9 In 36 Stücke schneiden. In luftdichtem Behälter aufbewahren.

Für 36 Stück

25 g Butter, dazu Butter zum Einfetten

300 g feiner Zucker

120 ml Vollmilch

185 g kandierte Ananas (siehe S. 104), gehackt, dazu 50 g kandierte Ananas in 36 kleinen Keilen

25 g weiße Schokolade, gehackt

1 TL Zitronensaft

1 TL weißer Rum

Für etwa 800 g

Wasser oder Öl für das Backblech

20 g gemahlene Gelatine

100 ml kaltes Wasser

400 g feiner Zucker

100 ml heißes Wasser

1 EL Zitronensaft

100 g kandierter Ingwer, fein gehackt

50 g Stärke

50 g Puderzucker

Tipp
Tauchen Sie den Ausstecher zwischendurch in heißes Wasser, damit die Gummibonbons nicht an ihm kleben bleiben und die Ränder schön glatt werden.

Ingwer-Gummibonbons

Gummibonbons haben eine feste und gleichzeitig weiche Konsistenz. Man kann sie in allen möglichen Farben und Geschmacksrichtungen herstellen. Bei diesen schafft der würzige kandierte Ingwer einen interessanten sensorischen Kontrast zur klebrig-süßen Dropsmasse, eine überaus köstliche Kombination.

1 Ein 20 × 20 cm großes Backblech befeuchten und mit Klarsichtfolie auslegen.
2 Die Gelatine in eine kleine Schüssel geben und das kalte Wasser zugeben. Quellen lassen, dabei mehrmals umrühren.
3 Zucker und heißes Wasser unter Rühren zum Kochen bringen. 10 Minuten auf mittlerer Hitze kochen lassen.
4 Die eingeweichte Gelatine hinzufügen und weitere 15 Minuten kochen.
5 Zitronensaft und Ingwer hinzugeben, etwas abkühlen lassen. Auf das Backblech gießen. In 24 Stunden fest werden lassen.
6 Die Masse vom Blech auf ein Brett legen und Kreise ausstechen. Auf ein Gitter legen und einige Stunden trocknen lassen.
7 Stärke und Puderzucker miteinander gut vermischen und durchsieben, die Bonbons damit bestäuben. Genießen oder in einem luftdichten Behälter aufbewahren.

Zweifarbiges Fruchtgelee

Für 30–40 Würfel

350 g Erdbeeren

350 g Aprikosen

Butter zum Einfetten

500 g Einmachzucker

75 ml Glukosesirup

150 ml Wasser

1 leicht gehäufter TL Weinstein

15 g Pektinpulver oder
65 g flüssiges Pektin

2 TL Zitronensaft

100 g Kristallzucker zum Walzen

Diese fantastische zweifarbige Leckerei besteht aus zwei Schichten samtigen, elastischen Gelees mit unterschiedlichem Geschmack: halb säuerliche Aprikose, halb süße Erdbeere. Diese Fruchtgummis schmecken so toll, wie sie aussehen.

1 Die Früchte in je einem Topf mit je 2 EL Wasser etwa 10 Minuten kochen, bis sie weich sind und Saft austritt. Separat im Mixer pürieren, in Schüsseln füllen und beiseitestellen.

2 Eine 15 × 15 cm große Form leicht einfetten und mit Klarsichtfolie auslegen. Die Folie soll möglichst glatt liegen.

3 Je 25 g Einmachzucker in das Erdbeerpüree und in das Aprikosenpüree rühren. Beiseitestellen.

4 In einem großen, schweren Topf den übrigen Zucker mit Glukosesirup, Wasser und Weinstein vermischen. Bei geringer Hitze den Zucker unter Rühren auflösen.

5 Nicht mehr rühren. Masse bei mittlerer Hitze zum Kochen bringen. Wenn sich Blasen bilden, Hitze hochstellen und ohne zu rühren kochen, bis der Sirup 130 °C erreicht hat.

6 Eine Hälfte des Pektins in das Erdbeerpüree, die andere in das Aprikosenpüree rühren. Das Aprikosenpüree in einen sauberen Topf geben und die Hälfte des Sirups zugießen.

7 Das Erdbeerpüree in den Topf mit dem restlichen Sirup geben. Beide Massen behutsam umrühren, bis alles verbunden ist, dann nicht mehr rühren. Ohne zu rühren kochen, bis die Temperatur 103 °C erreicht hat.

8 In jeden Topf 1 TL Zitronensaft geben und weiter kochen, bis die Temperatur 106 °C erreicht hat.

9 Die Erdbeermasse noch einmal durchrühren und dann gleich in die vorbereitete Form gießen. 10 Minuten abkühlen lassen. Die Aprikosenmasse daraufgießen. Über Nacht bei Zimmertemperatur unbedeckt stehen lassen.

10 Das Gelee an den Rändern der Klarsichtfolie aus der Form heben und auf ein Brett legen. Die Folie abziehen.

11 In kleine Würfel oder andere Formen schneiden und in Zucker wälzen. Auf Backpapier legen und etwa eine Stunde trocknen lassen. In einem luftdichten Behälter ungefähr eine Woche aufbewahren.

VARIATION: Probieren Sie verschiedene Geschmackskombinationen. Gut eignen sich Orange und Passionsfrucht oder Holunderblüte und Rhabarber. Ersetzen Sie durch gleiche Mengen Saft, Getränkesirup oder Püree und kreieren Sie Ihre eigenen zweifarbigen Fruchtgummis.

Brombeerpaste

Fruchtpasten sind noch weicher in der Konsistenz und aromatischer als Fruchtgummis – eine wunderbare Möglichkeit, um die Stimmung des Sommers einzufangen. Dieses Rezept ist für Früchte gedacht, die wenig natürliches Pektin enthalten, wie Beeren und Pflaumen.

Für etwa 30 bis 40 Stück

- 800 g Brombeeren
- Butter zum Einfetten
- 500 g Einmachzucker
- 75 ml Glukosesirup
- 150 ml Wasser
- 1 leicht gehäufter TL Weinstein
- 15 g Pektinpulver oder 65 g flüssiges Pektin
- 2 TL Zitronensaft
- 100 g Kristallzucker zum Wälzen

1 Brombeeren in einen schweren Topf geben und langsam erhitzen, bis die Früchte weich sind und der Saft austritt. Nicht umrühren.

2 Den Topfinhalt durch ein Sieb in eine große Schüssel passieren, d. h. das Fruchtfleisch mit der Rückseite eines Löffels durch das Sieb drücken, die im Sieb zurückbleibenden Kerne wegwerfen. Man sollte insgesamt etwa 500 ml Püree erhalten.

3 Eine 15 × 15 cm große Form leicht einfetten und mit Klarsichtfolie auslegen. Die Folie sollte sehr glatt aufliegen.

4 In einer Schüssel 50 g Einmachzucker in das Brombeerpüree einrühren, beiseitestellen.

5 In einem großen, schweren Topf den restlichen Zucker, Glukosesirup, Wasser und Weinstein vermischen. Auf geringer Hitze rühren, bis sich der Zucker aufgelöst hat.

6 Nicht mehr rühren. Masse bei mittlerer Hitze zum Kochen bringen. Wenn sich Blasen bilden, Hitze hochschalten und ohne zu rühren auf 130 °C erhitzen.

7 Pektin in das Brombeerpüree einrühren. Zum kochenden Sirup geben und vorsichtig umrühren, damit sich beides vermischt.

8 Ohne zu rühren kochen, bis die Temperatur 103 °C erreicht hat.

9 Zitronensaft hinzufügen und auf 106 °C erhitzen.

10 Die Masse einmal umrühren und in die Form gießen. Über Nacht bei Zimmertemperatur unbedeckt stehen lassen.

11 Das Gelee an den Rändern der Klarsichtfolie aus der Form heben und auf ein Brett legen. Folie abziehen.

12 Das Gelee in kleine Würfel schneiden oder mit Ausstechern zum Beispiel Herzen oder Sterne ausstechen.

13 Die Brombeerpaste in Zucker wälzen, dabei die Finger immer wieder in Zucker tauchen, damit sie nicht kleben bleibt und zerbricht.

14 Die gezuckerten Teile auf ein Backpapier legen und etwa eine Stunde trocknen lassen.

15 Gleich genießen oder in einem luftdichten Behälter im Kühlschrank bis zu einer Woche aufbewahren.

Quittenspeck

Quitte muss gekocht werden, damit ihr köstlicher Geschmack und ihre leuchtende Farbe hervortreten. Meist wird diese Frucht zu einer schnittfesten Paste verarbeitet, die bei den Spaniern Membrillo heißt und mit Schafskäse serviert wird. Auch auf französischen und mexikanischen Tischen findet man Quittenspeck häufig.

Für etwa 60 Stück

Butter zum Einfetten

4–5 große Quitten

100 ml Wasser

1,2 kg Kristall- oder Einmachzucker

3 EL frischer Zitronensaft, durchgeseiht

1 Eine flache Form einfetten, Boden und Seiten mit Backpapier auslegen.

2 Die Quitten gründlich waschen und noch vorhandenen Flaum entfernen. Früchte vierteln und entkernen, nicht schälen. In kleine Stücke schneiden und in einen großen, schweren Topf geben.

3 Das Wasser hinzufügen, Topf gut verschließen, bei starker Hitze zum Kochen bringen. Bei geringer Hitze etwa eine Stunde köcheln lassen bzw. bis die Quittenstücke weich sind. Ab und zu umrühren.

4 Quitten durch eine Passiermühle treiben. Fruchtmus abwiegen und wieder in den Topf geben. Die gleiche Menge Zucker abwiegen und in das Quittenpüree einrühren.

5 Bei sehr geringer Hitze unter gelegentlichem Umrühren 1 ½ bis 2 Stunden köcheln lassen, bis das Püree ein dunkles Granatrot angenommen hat.

6 Zur Prüfung der Konsistenz einen Löffel Püree auf einen Teller geben. Die Paste sollte erstarren und nach dem Abkühlen matt aussehen und nicht kleben.

7 Den Zitronensaft einrühren.

8 Die Quittenpaste in die Form geben und abkühlen lassen.

9 Nach dem Erkalten in Formen schneiden oder ausstechen. In Zucker wälzen.

10 Gleich genießen oder in einem luftdichten Behälter im Kühlschrank bis zu 3 Wochen aufbewahren.

Knusperbirnen

Wenn man Birnenscheiben in Zuckersirup kocht und dann im Backofen trocknet, wird aus dem zarten Fruchtfleisch eine knusprige süße Nascherei. Durch den Kochprozess werden die Scheiben leicht durchsichtig, sodass sie farbigem Glas ähneln. Auch in Schokolade getaucht sind sie einfach köstlich.

1 Ein Backblech mit Backpapier auslegen. Backofen auf 110 °C (Gas Stufe ½) vorheizen.

2 Die Birnen mit einer Mandoline oder mit einem sehr scharfen, dünnen Messer in sehr dünne Scheiben schneiden und sofort mit Zitronen- oder Limettensaft beträufeln, damit sie nicht braun werden und an Aroma gewinnen.

3 Zucker und Wasser in einen schweren Topf geben und den Zucker bei mittlerer Hitze unter Rühren auflösen. Sirup bei mittlerer Hitze zum Kochen bringen und zur großen Perle (111 °C) kochen.

4 Die Birnenscheiben in den Sirup geben (eventuell in zwei Portionen) und zwei Minuten kochen.

5 Scheiben aus dem Sirup heben und so viel Sirup wie möglich abtropfen lassen.

6 Die Scheiben nebeneinander auf das Backblech legen und in den vorgeheizten Ofen schieben.

7 Scheiben zwei Stunden backen, dann mit einem Spatel umdrehen und noch einmal 20 Minuten backen, bis sie völlig trocken sind.

8 Abkühlen lassen und genießen. In luftdichtem Behälter bis zu zwei Wochen aufbewahren.

Für etwa 20 Scheiben

2 nicht ganz reife Birnen, z. B. Comice oder Williams (groß, süß und saftig)

Saft von 2 Zitronen oder Limetten

400 g feiner Zucker

200 ml Wasser

Zuckerzeug aus Früchten und Blüten

MARZIPAN, NUSSKONFEKT UND LAKRITZE

Nüsse und Mandeln gehören zu den Hauptzutaten für die Herstellung von Konfekt. Die vielen verschiedenen Arten und Geschmacksrichtungen tragen in den Rezepten zu abwechslungsreichen Nuancen und Texturen bei. Einfache Nusspasten kann man von Hand formen oder mit Orangenschale mischen und mit Schokolade umhüllen, man kann sie zwischen ganzen Nüssen einbetten oder in Datteln füllen. Süßholzwurzel und Anis sind die Zutaten für intensiv schmeckende Drops, knackiges Karamell und weiche Sticks – die große Palette an Möglichkeiten wird sogar den leidenschaftlichsten Lakritzliebhaber erfreuen.

Nussig, aromatisch, vielseitig

Einige Konfektsorten in diesem Kapitel sind ganz leicht zu machen, andere stellen eine kleine Herausforderung dar. Nusspasten sind einfach und schnell herzustellen, wenn Sie jedoch etwas Besonderes daraus zaubern wollen, braucht das etwas Zeit und Geduld, ist aber nie schwierig. Bei Lakritzkonfekt dagegen kann es etwas dauern, bis man den Dreh heraushat.

Für Nusspasten brauchen Sie im Prinzip nur Nüsse, etwas Flüssigkeit und Zucker, die Möglichkeiten in Bezug auf Form und Geschmack sind fast unbegrenzt. Die einfachste Nusspaste wird mit Eiweiß und Puderzucker zusammengehalten und dient als Zutat beim Backen. Man kann fast alle Kombinationen von Nüssen verwenden, aber für eine gute Struktur sollte immer ein Anteil gemahlener Mandeln dabei sein. Gebackene Nusspaste ist außen knusprig und innen weich-klebrig, sie kann mit Marmelade zusammengesetzt oder mit kandierten Früchten dekoriert werden.

Eine weichere, formbare Paste erhält man, wenn man Nüsse mit Zucker und Eiweiß röstet. Geröstete Mandelpaste ist allgemein als Marzipan bekannt und kann auf zahllose Arten gefärbt und geformt werden. In Schokolade getauchtes Marzipan ist ein schnell gemachtes, köstliches kleines Dessert; mit grob gehackten Nüssen und aromatisiert mit Espresso, Orange oder Bittermandel wird daraus ein raffinierteres, aber ebenso einfach herzustellendes Konfekt. Wenn Sie Zeit haben, können Sie selbst kreativ werden und zum Beispiel kleine Marzipanhummeln oder Miniaturfrüchte und -gemüse aus Marzipan herstellen.

Am anderen Ende des Spektrums steht Lakritze. Hier werden intensiv aromatische Zutaten wie Melasse, Süßholzwurzel, Sternanis und Anis – manchmal mit gezuckerter Kondensmilch – zu einer dunklen, blasigen Masse gekocht. Der Geschmack echter Lakritze stammt von der Wurzel der Süßholzpflanze. Sternanis, Anis und Fenchel schmecken ähnlich, letztere sind auch botanisch verwandt.

Von schwarzem Lakritzkonfekt gibt es viele Arten, von sehr süßen, kauweichen Stücken bis zu harten, salzigen Drops. Welche Sie auch bevorzugen, bei der Vorbereitung dürfen Sie nie den Topf aus den Augen lassen: Eine kleine Nachlässigkeit, und alles verbrennt. Wenn Sie die Rezepte sorgfältig befolgen, werden Sie diese Klassiker selbst herstellen können.

Marzipan, Nusskonfekt und Lakritze 119

Einfache Mandelpaste

Die einfachsten Nuss- und Mandelpasten bestehen nur aus Nüssen oder Mandeln, Zucker und Ei. Sie können Geschmack und Konsistenz verändern, indem Sie verschiedene Nusssorten verwenden, aber die besten Ergebnisse erzielt man mit einem (kleinen) Teil gemahlener Mandeln, kombiniert mit einer anderen Nussart, um den Geschmack zu variieren. Mandelpaste ist eine wunderbare Zutat in Kuchen und Keksen.

1 Mandeln und Puderzucker in einer großen Schüssel vermengen.
2 In einer kleinen Schüssel das Eiweiß mit einer Gabel oder einem kleinen Schneebesen schaumig schlagen.
3 Das Eiweiß langsam unter die Mandelzuckermischung rühren, bis alles eben verbunden ist. Eventuell brauchen Sie nicht das ganze Eiweiß.
4 Das Bittermandelöl zugeben.
5 Die Masse leicht kneten, bis sie glatt ist und zusammenhält. Nicht zu lange kneten, da sie sonst brüchig werden kann.
6 Paste nach Rezept verwenden. Zum Aufbewahren in zwei Lagen Klarsichtfolie einwickeln. Hält sich in einem fest schließenden Behälter im Kühlschrank 2 Wochen und tiefgefroren bis zu 3 Monate.

Für etwa 500 g

200 g gemahlene Mandeln
300 g Puderzucker
1 Eiweiß
2 Tropfen Bittermandelöl (optional)

Tipp
Wenn Ihnen gekaufte gemahlene Mandeln nicht frisch genug sind, können Sie abgezogene ganze Mandeln in der Kaffeemühle mahlen.

Marzipan

Geröstete Mandel- oder Nusspaste wird fast so einfach wie Mandelpaste hergestellt, aber das Rösten verändert die Beschaffenheit des Produkts deutlich. Die Paste eignet sich ideal zum Formen von Figuren und ausgerollt als Kuchendecke. Zur Veränderung von Geschmack und Textur können Sie verschiedene Nüsse in verschiedenen Anteilen verwenden, so lange auch gemahlene Mandeln dabei sind.

1 Ein Eiswasserbad vorbereiten. Zucker und Wasser in einem schweren Topf bei mittlerer Hitze köcheln, bis der Zucker aufgelöst ist.
2 Den Sirup bei mittlerer Hitze zum starken Flug (114 °C) kochen.
3 Den Topf kurz in das Eiswasserbad stellen, um den Kochvorgang zu stoppen.
4 Die gemahlenen Mandeln unterrühren, dann das Eiweiß, und wieder auf den Herd stellen.
5 Eine Zeitlang bei geringer Hitze rühren, bis die Masse etwas dicker wird. Vom Herd nehmen und etwas abkühlen lassen.
6 Eine saubere, trockene Arbeitsfläche mit Puderzucker bestäuben und die Masse darauflegen.
7 Wenn gewünscht, ein paar Tropfen Speisefarbe und/oder Aroma unterkneten.
8 Paste entsprechend dem Rezept verwenden. Zum Aufbewahren fest in zwei Lagen Klarsichtfolie einwickeln. Hält sich in luftdichtem Behälter im Kühlschrank bis zu 2 Wochen, tiefgekühlt bis zu 3 Monaten.

Für etwa 600 g

300 g Puderzucker

150 ml Wasser

200 g gemahlene Mandeln

1 Eiweiß, leicht geschlagen

Puderzucker zum Kneten

Speisefarbe und Aroma (optional)

Tipp
Wenn Sie das Marzipan als Tortendecke verwenden wollen, vor dem Ausrollen etwas abkühlen lassen.

Marzipanhummeln

Diese »süßen« kleinen Hummeln sind bei Kindern ein Hit und eine tolle Dekoration für Törtchen und Geburtstagskuchen. Machen Sie das Marzipan am Vortag und lassen Sie es über Nacht bei Zimmertemperatur reifen, bevor Sie es färben und Hummeln daraus formen. So lässt es sich leichter verarbeiten, und die Form hält sich besser.

1 Die Marzipanmasse zweiteilen und gelb bzw. schwarz färben.

2 Jedes Stück in vier Teile teilen, diese zu Rollen von etwa 5 mm Durchmesser formen, sodass vier schwarze und vier gelbe Rollen entstehen. Rollen, die nicht bearbeitet werden, in Klarsichtfolie einschlagen. Rollen in 5 mm lange Stücke schneiden.

3 Für den Körper der Hummeln drei Stücke zusammensetzen: zwei gelbe und in der Mitte ein schwarzes.

4 Für den Kopf ein schwarzes Stück zu einer Kugel rollen und an den Körper andrücken. Als Augen zwei Liebesperlen in den Kopf drücken.

5 Für die Flügel die schönsten Mandelblättchen aussuchen und vorsichtig in die Körper drücken.

6 Gleich genießen oder bei Zimmertemperatur in einem luftdichten Behälter aufbewahren. Nicht in den Kühlschrank stellen, sonst werden die Flügel weich und die Farbe der Liebesperlen läuft aus.

Für etwa 10 Hummeln

150 g Marzipan (siehe S. 121) oder gute Marzipanrohmasse

einige Tropfen gelbe und schwarze Speisefarbe

Liebesperlen

Mandelblättchen

Für 24 Kugeln

200 g Marzipan (siehe S. 121) oder gute Marzipanrohmasse

abgeriebene Schale einer Orange

100 g Zartbitterschokolade

Zuckerstreusel

Orange-Mandel-Kugeln

Diese süßen, zur Hälfte in Schokolade getauchten Marzipankugeln werden Schokoladen- und Orangenliebhaber begeistern. Weil sie klein und mit Zuckerstreuseln gesprenkelt sind, werden auch Kindern sie lieben, auch wenn sie eher Milchschokolade bevorzugen, die Sie natürlich auch verwenden können.

1 Marzipan auf ein Brett legen und die Orangenschale gleichmäßig unterkneten.
2 Marzipan zu einer etwa 2 cm dicken Rolle formen. In 2 cm lange Stücke schneiden und jedes Stück zu einer Kugel rollen.
3 Schokolade in einer Stahlschüssel über leicht köchelndem Wasser schmelzen. Zuckerstreusel in eine kleine Schüssel schütten. Auf einem hübschen Tablett Papierdeckchen auslegen.

4 Die Marzipankugeln zur Hälfte erst in die geschmolzene Schokolade, dann in die Zuckerstreusel tauchen. Auf die Papierdeckchen legen.
5 Schokolade vor dem Genuss fest werden lassen. Pure Orangen-Mandel-Kugeln halten sich in einem luftdichten Behälter im Kühlschrank zwei Wochen, wenn sie in Schokolade getaucht sind, sollten sie innerhalb weniger Tage gegessen werden.

Espresso-Haselnuss-Kugeln

Marzipan ist ein wunderbarer Geschmacksträger für andere Zutaten. Der bittere Geschmack von frischem Kaffee oder grob gemahlenen Espressobohnen passt sehr gut zu dem warmen Aroma gerösteter Haselnüsse. Ein Schuss Alkohol reduziert die Süße und macht aus diesen Pralinen perfekte Begleiter zum Kaffee.

Für 24 Kugeln

200 g Marzipan (siehe S. 121) oder gute Marzipanrohmasse
50 g Haselnüsse, geröstet und gehackt
1 ½ EL kalter Espresso oder starker Kaffee
1 TL gemahlene Espressobohnen
1 TL Cognac oder Grand Marnier
feiner Zucker zum Wälzen

1 Alle Zutaten außer Zucker in eine große Schüssel geben und mit sauberen Händen verkneten.
2 Die Masse in 24 Teile teilen und zu Kugeln rollen.
3 Etwas Zucker auf einen Teller streuen und die Kugeln darin wälzen.
4 Gleich genießen oder in einem Behälter im Kühlschrank bis zu zwei Wochen aufbewahren.

Marzipan-Haselnüsse

Diese bezaubernde kleine Süßigkeit aus gerösteten, mit Orangenmarzipan gefüllten Haselnüssen eignet sich als Abschluss jeder Mahlzeit. Sie brauchen etwas Zeit, aber das Rezept ist sehr einfach, sodass auch Kinder helfen können.

1 Ein Backblech mit Backpapier auslegen. Den Backofen auf 160 °C (Gas Stufe 2) vorheizen.

2 Haselnüsse gleichmäßig auf dem Blech ausbreiten und auf der mittleren Schiene etwa 7 Minuten im Ofen rösten. Öfter kontrollieren und wenden, da sie schnell anbrennen. Sie sollten goldbraun sein.

3 Inzwischen die Marzipanmasse und Orangensaft und -schale und mit den Händen oder einem Löffel zusammenkneten.

4 Die Nüsse auf ein sauberes Küchenhandtuch schütten und durch Gegeneinanderrubbeln die Häutchen entfernen.

5 Die Häutchen abschütteln, die Haselnüsse mit einem Messer halbieren.

6 Die Marzipanfüllung zu etwa 40 winzigen Kügelchen rollen und immer zwei Haselnusshälften mit einem Kügelchen zusammenkleben.

7 Mit Kakaopulver und Puderzucker bestäuben. Gleich genießen oder in einem luftdichten Behälter an einem kühlen Ort bis zu zwei Wochen aufbewahren.

VARIATION: Sie können auch ganze Mandeln oder Walnüsse nehmen, beachten Sie aber die unterschiedlichen Röstzeiten. Walnüsse brauchen nur eine ganz leichte goldgelbe Färbung, während Haselnüsse goldbraun sein sollten.

Für etwa 40 Kugeln

150 g große, ganze Haselnüsse

200 g Marzipan (siehe S. 121) oder gute Marzipanrohmasse

Saft und abgeriebene Schale einer Orange oder Clementine

Kakaopulver und Puderzucker zum Bestäuben

Marzipan, Nusskonfekt und Lakritze

Gefüllte Datteln

Mit Nusspaste gefüllte Datteln stammen aus Nordafrika, im Nahen Osten und im Mittelmeerraum werden sie häufig zu festlichen Anlässen gereicht. Pistazien und Datteln passen von Natur aus zusammen, weil sie im selben Teil der Welt wachsen; in diesem köstlichen Rezept werden sie noch durch Marzipan sowie rohe und kandierte Orangenschale veredelt.

1 Die Datteln mit einem Messer längs bis auf den Stein einschneiden und den Stein entfernen.
2 Marzipan, Kirschwasser und Orangenschale in eine Schüssel geben und mit sauberen Händen gut verkneten.
3 Marzipanmasse in 12 Stücke teilen und zu kleinen Kugeln rollen. Die Hände waschen.
4 Die Marzipankugeln in die Mitte der Datteln drücken. Datteln vorsichtig um die Füllung zusammendrücken.
5 Pistazien fein hacken und über die Datteln streuen. Wenn gewünscht, ein Stück kandierte Orangenschale in das Marzipan drücken.
6 Datteln in eine kleine Pralinenkapsel setzen. Gleich genießen oder in einem Behälter im Kühlschrank bis zu zwei Wochen aufbewahren.

Für 12 gefüllte Datteln

12 Datteln (Barhi oder Medjool)

115 g Marzipan (siehe S. 121) oder gute Marzipanrohmasse

1 EL Kirschwasser

abgeriebene Schale einer Orange

15–20 Pistazien

kandierte Orangenschale (optional)

Tipp

Am besten geeignet sind Datteln mit dünner Haut und klebrig-süßem, weichem, karamellfarbenem Fleisch.

Marzipan, Nusskonfekt und Lakritze

Für 30–35 Sterne

100 g gemahlene Mandeln
100 g Kristallzucker
1 Eiweiß
2 TL Kirschwasser
15–18 Amarenakirschen

Tipp
Wenn Sie größere Makronen herstellen, etwas länger backen. Sie sollten goldbraun sein.

Kirsch-Mandel-Makronen

Amarenakirschen sind eine italienische Spezialität. Die frisch geernteten, sehr sauren Kirschen werden entkernt und in Zucker eingelegt. Durch den Zucker wird der Saft herausgezogen, und es entstehen Kirschen mit charakteristischem, intensivem süß-saurem Aroma in köstlichem Sirup. Die Kombination mit mürben, butterigen Mandelkeksen sorgt für ein besonderes Geschmackserlebnis.

1 Ein Backblech mit Backpapier auslegen. Backofen auf 180 °C (Gas Stufe 3) vorheizen.

2 Gemahlene Mandeln, Zucker, Eiweiß und Kirschwasser in einer Schüssel mit einem Holzlöffel vermengen.

3 Die Masse in einen Spritzbeutel mit Sterntülle füllen und kleine Sterne auf das Backblech spritzen.

4 Die Kirschen halbieren. Je eine Hälfte mit der Schnittseite nach oben auf die Makronen setzen.

5 Backblech in den vorgeheizten Ofen schieben und Makronen etwa 7 Minuten backen, bis sie goldbraun sind. Völlig erkalten lassen, dann servieren.

6 In luftdichtem Behälter bei Zimmertemperatur aufbewahren.

Lakritzbruch

Dies ist eine harte Variante von Lakritz, die eher zum Lutschen als zum Kauen einlädt. Das Natron lockert die Masse ein wenig und macht die Stücke leicht brüchig. Süßholzwurzel ist in den meisten Bioläden und in manchen Süßwarenläden zu haben. Wenn Sie sie nicht finden, nehmen Sie stattdessen Sternanis, den es auch in normalen Supermärkten gibt.

Für etwa 550 g

Butter zum Einfetten

200 g feiner Zucker

100 g Glukosesirup

100 g Melasse

100 ml Wasser

½ TL Weinstein

1 TL Lakritzpulver

65 g flüssiges Pektin oder 12 g Pektinpulver

½ TL Backnatron

½ TL Salz

1 TL Anisextrakt

1 Eine 23 × 23 cm große Form einfetten und mit Klarsichtfolie auslegen.
2 Zucker, Glukosesirup, Melasse, Wasser und Weinstein in einen schweren Topf geben und bei schwacher Hitze auflösen. Das Lakritzpulver hinzufügen und die Masse auf 120 °C erhitzen.
3 In einer Schüssel Pektin (bei Verwendung von Pektinpulver 4 EL Wasser hinzufügen), Natron und Salz vermischen.
4 Die Pektinmischung zum Sirup gießen und unterrühren. Die Temperatur des Sirups sinkt etwas. Erhitzen auf 103 °C, dann den Anisextrakt einrühren.
5 Die Masse in die Form gießen und in etwa 4 Stunden fest werden lassen. Auf ein Brett stürzen und in Stücke brechen.
6 Gleich genießen oder in einem luftdichten Behälter bis zu 3 Wochen aufbewahren.

Pontefract-Lakritzkekse

Diese weichen Lakritzkekse stammen aus Pontefract im nördlichen England, wo sie schon 1614 hergestellt wurden. Damals war ein Siegel mit dem Schloss von Pontefract eingeprägt. Sie dürfen jedoch kreativ werden, experimentieren Sie mit eigenen Mustern. Wenn Sie hübsch gestaltete Madeleine-, Tortelett- oder Konfektförmchen oder ein Petschaft mit Ihren Initialen haben, verwenden Sie die als Stempel.

1 Ein 23 × 33 cm großes Backblech einfetten.
2 Alle Zutaten in einen schweren Topf geben und den Zucker bei geringer Hitze unter Rühren auflösen.
3 Den Sirup auf mittlerer Hitze unter ständigem Rühren auf 112 °C erhitzen. Dabei die Masse am Topfrand nicht nach unten schaben.
4 Die Masse auf das Backblech gießen.
5 Für etwa 10 Minuten zum Abkühlen in den Kühlschrank stellen.
6 Auf eine Arbeitsfläche stellen. Mit einem Ausstecher kleine Kreise ausstechen, mit einem Stempel die Kreise verzieren.
7 Gleich genießen oder in Pergamentpapier einwickeln und in einem luftdichten Behälter bis zu einem Monat aufbewahren.

Für etwa 550 g

100 g Butter, dazu Butter zum Einfetten
200 g feiner Zucker
5 EL Glukosesirup
3 EL Melasse
8 EL gezuckerte Kondensmilch
½ TL Salz
1 ½ TL Anisextrakt
schwarze Lebensmittelfarbe
1 TL Backnatron

Marzipan, Nusskonfekt und Lakritze

Lakritzstangen

Lakritzstangen sind bei Kindern und Erwachsenen gleichermaßen beliebt. Herstellen können Sie sie traditionell mit Anisextrakt und schwarzer Lebensmittelfarbe, oder Sie machen rote Lakritze und lassen den Anis weg.

1 Eine 23 × 23 cm große Backform mit Alufolie auslegen, die über die Ränder der Form hinausreicht. Folie mit Butter bestreichen.

2 Butter in einem großen, schweren Topf schmelzen. Zucker, Kondensmilch, Glukosesirup und Salz zugeben, alles gründlich verrühren.

3 Masse in 15–20 Minuten auf mittlerer Hitze unter Umrühren zum schwachen Ballen (120 °C) kochen. Die Masse brennt leicht an, rühren Sie also immer wieder um und rühren Sie dabei über den Topfboden, um das Anbrennen zu verhindern.

4 Vom Herd nehmen. Wenn gewünscht, Anisextrakt und Farbpaste zufügen.

5 Masse rasch in die Form gießen, ohne dabei am Topfboden zu kratzen. Einige Stunden abkühlen und fest werden lassen.

6 Mithilfe der Folie die Lakritze aus der Form heben und auf ein Brett legen. Folie entfernen.

7 Lakritze mit einem gebutterten Messer in 1 cm breite Streifen schneiden.

8 Gleich genießen oder einzeln in Pergamentpapier wickeln. Sie können die Lakritzstangen in einer Dose bis zu einem Monat aufbewahren.

Für etwa 20 Stangen

125 g Butter, dazu Butter zum Einfetten

400 g feiner Zucker

400 g gezuckerte Kondensmilch

250 ml Glukosesirup

1 Prise Salz

1 TL Anisextrakt (bei roten Lakritzstangen optional)

½ TL schwarze oder rote Speisefarbpaste

Für etwa 24 Tropfen

Butter zum Einfetten

200 g feiner Zucker

100 g Glukosesirup

100 g Melasse

100 ml Wasser

½ TL Weinstein

3 Sternanis-Früchte

4 EL flüssiges Pektin oder 15 g Pektinpulver

½ TL Salz

1 TL Anisextrakt

Meersalz zum Bestreuen

Lakritz-Sternanis-Tropfen

Diese kleinen Lakritztropfen schmecken durch die Zugabe zweier Anissorten besonders intensiv: normaler Anis und Sternanis. Die Salzzugabe ist von dänischer Salzlakritze inspiriert, aber dieses Rezept enthält weniger Salz, da der Salzgeschmack leicht zu sehr hervortritt.

1 Ein Backblech einfetten und mit Backpapier auslegen, glatt streichen.

2 Zucker, Glukosesirup, Melasse, Wasser und Weinstein in einem schweren Topf verrühren. Bei geringer Hitze unter Rühren den Zucker auflösen. Sternanis hinzufügen und Sirup zum schwachen Bruch (130 °C) kochen.

3 In einer Schüssel das Pektin (Pektinpulver mit 4 EL Wasser verrühren) und das Salz mischen.

4 Pektinmischung in den Sirup rühren.

5 Masse unter Rühren zum schwachen Ballen (120 °C) kochen. Dann sofort vom Herd nehmen.

6 Anisextrakt einrühren. Sternanis herausnehmen und wegwerfen.

7 Den Sirup auf das mit Backpapier ausgelegte Backblech tropfen lassen und mit Meersalz bestreuen. In etwa 4 Stunden fest werden lassen.

8 Gleich genießen oder in einem luftdichten Behälter bis zu 3 Wochen aufbewahren.

PRALINEN, TRÜFFEL UND SCHOKO-KONFEKT

Denken Sie an den Valentinstag, an Ostern, an Weihnachten. Und denken Sie an Schokolade. Gibt es eine bessere Art, diese Festtage zu feiern, als mit einer Auswahl selbstgemachter Trüffel und Pralinen? Mit Ganache gefüllte Trüffel sind einfach herzustellen und ideal für erlesene Geschmackskombinationen. Noch einfacher zu machen sind Nussborken, die man leicht in mundgerechte Stücke brechen kann. Wird die Schokolade richtig temperiert, erhalten diese Naschereien einen verführerischen, professionell anmutenden Glanz, wie kleine Juwelen.

Göttlicher Schmelz

Einige wunderschöne Trüffel und Pralinen sind ohne großen Aufwand herzustellen, andere verlangen etwas Mühe und Präzision. Testen Sie am besten zuerst verschiedene Pralinensorten, um herauszufinden, welche Sie am liebsten mögen. Bei den meisten ist eine Prozentzahl für den Kakaoanteil angegeben, zum Beispiel 70 % für Edelbitterschokolade oder 40 % für Milchschokolade. Je höher die Zahl, desto weniger andere Zutaten sind in der Schokolade. Alle Rezepte in diesem Kapitel enthalten eine Empfehlung für Schokolade mit einem bestimmten Anteil Kakao.

Schokoladentrüffel sind simpel herzustellen und gehören zu den köstlichsten Pralinen. Grundlage ist die Ganache (Canache), eine Mischung aus geschmolzener Schokolade und Sahne. Die Sahne kann mit Gewürzen, Blüten, Kräutern, Nüssen, Tee und Kaffee aromatisiert werden, um den Trüffeln Abwechslung und Charakter verleihen.

Ist die Ganache fest geworden, kann man sie zu Kugeln rollen und in Kakao wälzen. Dann muss man keine Schokolade temperieren. Wenn Sie aber die Zeit dafür haben, geben Sie den Trüffeln ein knackig-glänzendes Finish, indem Sie die Ganache-Kugeln in eine dünne Schicht Schokolade hüllen. Ganache-Würfel kann man auch mit der Hand in temperierte Schokolade tauchen.

Geformte Pralinen entstehen, indem man Formen mit temperierter Schokolade ausstreicht, diese beliebig (etwa mit Karamell) füllt und die Füllung wiederum mit Schokolade bedeckt. Schöne Oberflächen erzielt man, indem man zum Beispiel erst Blattgold in die Formen gibt oder verschiedenfarbige Schokolade hineintröpfelt.

Schokoladenborke, -törtchen und -taler gehen besonders schnell; man braucht nur geschmolzene Schokolade mit anderen Zutaten zu mischen und sie dann auf ein Blech zu streichen, in Förmchen zu gießen oder zu Talern zu spritzen.

Schokoladenkonfekt kommt immer gut an, als Snack oder Dessert oder aber als Geschenk. Mini-Brownies sind besonders beliebt, und wenn Sie etwas Ausgefalleneres mögen, probieren Sie doch mal eine Variante der berühmten australischen Lamingtons: in Schokolade und Kokosraspeln gehüllte Petits Fours.

Pralinen, Trüffel und Schoko-Konfekt

Dunkle Schokotrüffel

Diese klassischen Trüffel sind weich, sahnig und super-schokoladig – etwas für wahre Genießer. Nehmen Sie Schokolade allerbester Qualität, das verleiht den Trüffeln Extraklasse. Sie sind das ideale Geschenk und sehen sehr attraktiv aus, wenn man sie in einer Schachtel oder Blechkiste stapelt oder in einer Glasschüssel serviert.

Für etwa 50 Trüffel

- 120 g Crème double
- 100 g Glukosesirup
- 1 Vanilleschote
- 350 g Edelbitterschokolade (66–70 % Kakaoanteil)
- 50 g weiche Butter
- Kakaopulver zum Wälzen

Tipp
In diesem Rezept werden die Trüffel zu unregelmäßigen Brocken geformt, man kann sie aber auch möglichst glatt und rund rollen.

1 Crème double und Glukosesirup in einem schweren Topf verrühren, dann das Mark aus der Vanilleschote kratzen und Schote und Mark hinzufügen.

2 Bei geringer Hitze erwärmen, bis die Masse fast kocht.

3 In eine Schüssel füllen und mit Klarsichtfolie bedeckt auskühlen lassen.

4 Eine 20 × 20 cm große Form mit Butter fetten und mit Klarsichtfolie auslegen.

5 Schokolade klein hacken, in eine mittelgroße Stahlschüssel geben und diese über einen Topf mit leicht köchelndem Wasser stellen. Bis knapp unter 46 °C erwärmen (mit Schokoladenthermometer messen), dann vom Herd nehmen.

6 Inzwischen die Schüssel mit der Mischung aus Crème double und Glukosesirup über einen Topf mit leicht köchelndem Wasser stellen und bis knapp unter 46 °C erhitzen.

7 Geschmolzene Schokolade und Sahnemischung in einen Mixer geben und die Masse dick und cremig aufschlagen. Sie können die Masse auch in einen hohen Becher füllen und mit einem Stabmixer aufschlagen.

8 Die sehr weiche Butter Stück für Stück hinzufügen und jedes Mal gut aufschlagen.

9 Die Ganache in die Backform gießen und die Oberfläche mit einer Winkelpalette glatt streichen. Ein paar Stunden abkühlen lassen, bis sie fest geworden ist. Danach kann man die Ganache in den Kühlschrank stellen, bis man die Trüffel formen möchte.

10 Den Ganache-Block auf eine Marmorplatte oder eine andere kühle, harte Oberfläche stürzen. Klarsichtfolie entfernen.

11 Ein sauberes, scharfes Messer in heißes Wasser tauchen und rasch abtrocknen, dann damit die Ganache in 2 cm große Quadrate schneiden.

12 Handflächen und Finger mit Kakaopulver bestäuben und aus den Quadraten nicht ganz runde Kugeln formen, in Kakaopulver wälzen.

13 Gleich genießen oder die Trüffel in Tüten oder anderen Behältern, bestäubt mit viel Kakaopulver (damit sie nicht zusammenkleben), im Kühlschrank aufbewahren. Mindestens 30 Minuten vor dem Genuss herausnehmen, da man Schokolade mit Zimmertemperatur essen sollte.

Grand-Marnier-Trüffel

Diese Trüffel für Erwachsene enthalten die klassische Kombination von Grand Marnier und dunkler Schokolade. Wälzt man die Trüffel in kandierter Orangenschale, erhalten sie eine zusätzliche Geschmacksnote und ein reizvolles Aussehen.

Für etwa 50 Trüffel

- 120 g Crème double
- 100 g Glukosesirup
- 1 Vanilleschote
- 350 g Edelbitterschokolade (66–70 % Kakaoanteil), gehackt
- 50 g weiche Butter
- 2 TL Grand Marnier
- 100 g kandierte Orangenschale, klein gewürfelt und in feinem Zucker gewälzt

Tipp
Der Grand Marnier aus tropischen Orangen passt besonders gut zu einer fruchtigen Schokolade, etwa die Manjari von Valrhona (64 %).

1 Crème double und Glukosesirup in einem schweren Topf verrühren. Das Mark aus der aufgeschlitzten Vanilleschote kratzen, Schote und Mark hinzufügen.

2 Bei schwacher Hitze erwärmen, bis die Mischung fast kocht.

3 In eine Schüssel füllen und mit Klarsichtfolie bedeckt auskühlen lassen.

4 Eine 20 × 20 cm große Form mit Butter fetten und mit Klarsichtfolie auslegen.

5 Schokolade in eine mittelgroße Stahlschüssel geben, über einen Topf mit leicht köchelndem Wasser stellen. Bis knapp unter 46 °C erwärmen (mit Schokoladenthermometer messen), dann vom Herd nehmen.

6 Inzwischen die Schüssel mit der Mischung aus Crème double und Glukosesirup über einen Topf mit leicht köchelndem Wasser stellen und bis knapp unter 46 °C erhitzen.

7 Geschmolzene Schokolade und Sahnemischung in einen Mixer geben und die Masse dick und cremig aufschlagen. Sie können die Masse auch in einen hohen Becher geben und mit einem Stabmixer aufschlagen.

8 Die sehr weiche Butter Stück für Stück hinzufügen und jedes Mal gut mit dem Mixer unterrühren. Den Grand Marnier unterrühren.

9 Die Ganache in die vorbereitete Form gießen, Oberfläche mit einer Winkelpalette glatt streichen. Ein paar Stunden abkühlen lassen, bis sie fest geworden ist. Danach kann man die Ganache in den Kühlschrank stellen, bis man die Trüffel formen möchte.

10 Den Ganache-Block auf eine Marmorplatte oder eine andere kühle, harte Oberfläche stürzen. Klarsichtfolie entfernen.

11 Ein scharfes Messer in heißes Wasser tauchen und abtrocknen, dann damit die Ganache in 2 cm große Quadrate schneiden.

12 Handflächen und Finger mit Kakaopulver bestäuben und aus den Quadraten Kugeln formen, dann in der kandierten Orangenschale wälzen.

13 Gleich genießen oder die Trüffel in Tüten oder anderen Behältern im Kühlschrank aufbewahren. Dabei kann der Zucker auf der kandierten Schale schmelzen, die Kugeln müssen dann noch einmal in feinem Zucker gewälzt werden. Trüffel mindestens 30 Minuten vor dem Genuss aus dem Kühlschrank nehmen, da man Schokolade mit Zimmertemperatur essen sollte.

Champagner-Trüffel

Für etwa 50 Trüffel

250 g Edelbitterschokolade (70 % Kakaoanteil)

200 g Milchschokolade (40 % Kakaoanteil)

150 g Crème double

50 g Butter

100 ml Champagner oder anderer Schaumwein

1 EL Weinbrand

700 g Edelbitterschokolade (70 % Kakaoanteil), temperiert (siehe S. 17)

Puderzucker zum Formen

essbarer Goldstaub (optional)

Fast jeder Chocolatier hat seine Version dieses Klassikers. Sie können Ihre Trüffel mit einem Schaumwein Ihrer Wahl herstellen, zum Beispiel mit Prosecco oder Cava, köstlich schmecken sie mit einem Champagner Rosé. Hier werden die Trüffel mit Goldstaub überzogen, Sie können sie aber auch in Puderzucker wälzen.

1 Eine 20 × 20 cm große Form mit Butter fetten und mit Klarsichtfolie auslegen. Ein Backblech mit Backpapier auslegen.

2 Edelbitter- und Milchschokolade klein hacken und in eine Stahlschüssel geben.

3 Crème double und Butter in einem kleinen, schweren Topf bei mittlerer Hitze erwärmen, bis die Mischung fast kocht. Immer wieder umrühren, damit nichts anbrennt.

4 Die heiße Mischung zur Schokolade in die Schüssel gießen und etwa eine Minute stehen lassen, dann Champagner und Weinbrand zugeben.

5 Mit dem Schneebesen schlagen, bis die Schokolade geschmolzen und die Ganache glatt ist. Alternativ einen Stabmixer oder Standmixer verwenden.

6 Die Masse in die Form füllen und stehen lassen, bis sie fest zu werden beginnt.

7 Zum Formen der Trüffeln Ganache in einen Spritzbeutel mit 1 cm großer Öffnung füllen. Gleichmäßig trüffelgroße Tupfen auf das Backblech spritzen.

8 Ganache-Tupfen etwa 20 Minuten im Kühlschrank anziehen lassen.

9 Handfläche und Finger mit Puderzucker bestäuben und die Ganache-Kleckse zu Kugeln formen. Noch einmal 10 Minuten in den Kühlschrank stellen und fest werden lassen.

10 Temperierte Schokolade, ein Metallgitter und ein zweites mit Backpapier ausgelegtes Backblech bereitstellen. Mit einer Pralinengabel die Ganache-Kugeln in die temperierte Schokolade tauchen und auf das Gitter legen.

11 Wenn gewünscht, Trüffel in Goldstaub wälzen. Oder mit Goldstaub bestäuben: Dazu einen sauberen, trockenen Backpinsel in den Goldstaub tauchen und dann über die Trüffel halten; mit der anderen Hand leicht gegen den Pinselgriff klopfen. Das löst den Goldstaub, der leicht und gleichmäßig auf die Trüffel fällt. In 30 Minuten fest werden lassen.

12 Gleich genießen oder die Trüffel mit Abständen in einem luftdichten Behälter im Kühlschrank aufbewahren. Trüffel mindestens 30 Minuten vor dem Verzehr aus dem Kühlschrank nehmen, da man Schokolade mit Zimmertemperatur essen sollte.

Weiße Espresso-Trüffel

Für etwa 50 Trüffel

400 g weiße Schokolade, gehackt

250 g Crème double

50 g Espressobohnen

1 EL Weinbrand

300 g Edelbitterschokolade (70 % Kakaoanteil), temperiert (siehe S. 17)

550 g weiße Schokolade, temperiert (siehe S. 17)

10 g gemahlene Espressobohnen (optional)

Die Kombination aus samtweicher Ganache mit Kaffeearoma und weißer und dunkler Schokolade ist köstlich und für Kaffeeliebhaber absolut unwiderstehlich. Durch die äußere Hülle aus weißer Schokolade schimmert die dunkle Schokolade, was durch die darübergestreuten gemahlenen Espressobohnen noch betont wird. Der perfekte Abschluss eines besonderen Mahls!

1 Ein Backblech mit Backpapier auslegen. Weiße Schokolade hacken und in eine Stahlschüssel geben.
2 Crème double mit den Espressobohnen in einem kleinen Topf auf mittlerer Hitze eben zum Kochen bringen. Topf vom Herd nehmen und etwa 10 Minuten ziehen lassen, dann die Sahne wieder eben bis zum Kochen bringen.
3 Die heiße Sahnecreme durch ein feinmaschiges Sieb auf die weiße Schokolade geben.
4 Weinbrand unterrühren und die Masse abkühlen lassen. Wenn die Schokolade geschmolzen erscheint, mit einem Schneebesen durchschlagen. Nicht zu lange schlagen, da die weiße Schokolade ausflocken kann.
5 Ganache etwa 15 Minuten stehen lassen, sodass sie fest zu werden beginnt.
6 Zum Formen der Trüffel Ganache in einen Spritzbeutel mit glatter Tülle (5 mm) füllen. Wenn die Ganache noch zu flüssig ist, läuft sie aus dem Spritzbeutel, daher zum Auffangen eine Schüssel unterstellen.
7 Gleichmäßig trüffelgroße Tupfen auf das Backblech spritzen, dann im Kühlschrank etwa 20 Minuten fest werden lassen. Ganache wie im Rezept S. 140 zu Kugeln rollen.
8 Temperierte Schokolade, ein Metallgitter und ein weiteres mit Backpapier ausgelegtes Backblech bereitstellen.
9 Ganache-Kugeln mit einer Pralinengabel in die temperierte dunkle Schokolade tauchen und zum Festwerden auf das Gitter setzen. Wenn man keine Pralinengabel hat, kann man die Kugeln auch mit kühlen Händen in die Schokolade tauchen. Dafür Gummihandschuhe tragen.
10 Die Kugeln mit einer anderen bzw. abgewaschenen Pralinengabel in die temperierte weiße Schokolade tauchen. Auf das Backblech setzen und in etwa 15 Minuten fest werden lassen.
11 Die Trüffel mit einigen Körnchen gemahlenen Espressobohnen bestreuen und sofort genießen. Oder mit Abstand in einem Behälter im Kühlschrank aufbewahren. Mindestens 30 Minuten vor dem Genuss aus dem Kühlschrank nehmen, da man Schokolade mit Zimmertemperatur essen sollte.

Schoko-Lippen und -Herzen

Für etwa 25 Pralinen

300 g feiner Zucker

50 ml Wasser

1 Vanilleschote, Mark ausgekratzt

175 g Crème double

3 EL Glukosesirup

90 g weiche Butter

1 Prise Salz

essbares Blattgold (optional)

Milch- oder weiße Schokolade als Dekor (optional)

500 g Bitterschokolade (64 % oder mehr Kakaoanteil), temperiert (siehe S. 17)

Lippen und Herzen sind perfekt als Mitbringsel zu einem romantischen Essen oder zum Valentinstag. Sie erfordern etwas Geschick – der Trick ist, die Schokokruste dick genug zu machen, damit man sie füllen kann, aber nicht so dick, dass sie die zarte Praline ruiniert.

1 Zucker und Wasser in einen großen, schweren Topf geben und den Zucker bei mittlerer Hitze unter Rühren auflösen. Vanilleschote und -mark zum Sirup geben.

2 Kochen, bis der Sirup eine dunkle Karamellfarbe annimmt, aber nicht verbrennen lassen. Sobald Rauch aufsteigt, ist der Sirup fertig. Vom Herd nehmen.

3 Inzwischen Crème double und Glukosesirup in einem Topf zum Kochen bringen.

4 Sahnemischung langsam zur Karamellmasse gießen. Sehr vorsichtig arbeiten, um sich nicht zu verbrühen.

5 Masse mit Schneebesen schlagen, um Luftblasen zu entfernen. Butter unterrühren, Vanilleschote entnehmen.

6 Karamell auf 27 °C (Zuckerthermometer) abkühlen lassen, ab und zu umrühren. Das kann einige Stunden dauern. In eine Spritzflasche füllen.

7 Wenn die Pralinen mit Gold verziert werden sollen (großes Foto), Stückchen davon in die Herzformen legen. In die anderen Formen temperierte weiße Schokolade träufeln. Fest werden lassen, dann überschüssige Schokolade abkratzen.

8 Die Formen mit dem größten Teil der temperierten dunklen Schokolade ausgießen, dann über einer Schüssel schräg halten, sodass die Schokolade sich in den Formen verteilt und überschüssige Schokolade in die Schüssel läuft.

9 Form auf die Arbeitsfläche klopfen, damit sich Luftblasen lösen. Form kopfüber auf Backpapier legen. Nach ein paar Minuten überprüfen, ob die Schokolade an den Seiten fest zu werden beginnt.

10 Mit einer Palette die überflüssige Schokolade vom Plastik um die Mulden kratzen.

11 Wieder auf das Backpapier stellen und die Schokolade ganz aushärten lassen. Das dauert etwa eine Stunde.

12 Förmchen mit Karamell füllen. Auf die Arbeitsfläche klopfen, damit sich Luftblasen lösen. Über Nacht fest werden lassen.

13 Restliche dunkle Schokolade temperieren und über die Karamellfüllung gießen. Überschüssige Schokolade abziehen. Pralinen 1–1 ½ Stunden aushärten lassen.

14 Leicht von unten auf die Form klopfen, damit die Pralinen sich lösen.

Tipp

Pralinenformen finden Sie in Spezialgeschäften oder im Internetversand in vielen Varianten, wählen Sie die für Ihre Gelegenheit passenden. Dünne Plastikformen reichen für ein- oder zweimaligen Gebrauch, aber wenn Sie viel mit Formen arbeiten wollen, lohnt sich die Ausgabe für eine gute, dickwandige Form.

Rosen- und Veilchenpralinen

Diese altmodischen, klassischen Pralinen, gefüllt mit süßer, zart nach Blüten schmeckender Creme, sind wieder sehr beliebt. Die feinen kandierten Rosen- und Veilchenblüten können Sie selbst machen oder in Spezialgeschäften kaufen.

1 Ein Backblech mit Backpapier auslegen oder ein Metallgitter bereitstellen.

2 Die Fondantmasse halbieren. In die eine Hälfte Veilchensirup, in die andere Hälfte Rosensirup einkneten. Aus jeder Hälfte eine Rolle formen.

3 Jede Rolle in etwa 25 mundgerechte Stücke schneiden und zu Kugeln rollen.

4 Kugeln mit einer Pralinengabel in die temperierte Schokolade tauchen und auf das Backpapier oder das Gitter setzen.

5 Rosenpralinen mit kandierten Rosenblüten, Veilchenpralinen mit kandierten Veilchenblüten verzieren. Etwa 30 Minuten auskühlen lassen.

6 Pralinen vom Backpapier oder Gitter nehmen.

7 In Pralinenkapseln setzen und gleich genießen. Oder mit Abstand in luftdichtem Behälter im Kühlschrank aufbewahren. Mindestens 30 Minuten vor dem Verzehr aus dem Kühlschrank nehmen.

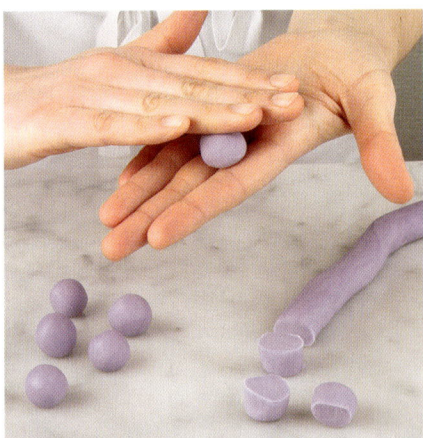

Für etwa 30 Pralinen

300 g Fondant (siehe S. 15)

2–3 Tropfen Rosensirup

2–3 Tropfen Veilchensirup

400 g Edelbitterschokolade (mindestens 70 % Kakaoanteil), temperiert (siehe S. 17)

kandierte Rosenblüten (siehe S. 106) und kandierte Veilchenblüten (nach der gleichen Methode wie kandierte Rosenblüten herzustellen)

Für etwa 50 Pralinen

50 ml kaltes Wasser

200 g Zucker

½ TL Weinstein (optional)

225 g Crème double

50 g Butter, dazu Butter zum Einfetten

½ TL Meersalz

425 g Edelbitterschokolade (70 % Kakaoanteil), fein gehackt

400 g Edelbitterschokolade (70 % Kakaoanteil) zum Tauchen

Meersalz zum Dekorieren

Salzkaramell-Pralinen

Diese eleganten Pralinen bestehen aus einer Ganache aus dunklem Karamell mit Meersalz umhüllt von ebenfalls dunkler Schokolade. Die traditionelle Kombination von Salz und Karamell liegt heute wieder im Trend.

1 Eine 20 × 20 cm große Form mit Butter fetten und mit Klarsichtfolie auslegen. Ein Backblech mit Backpapier auslegen.

2 Wasser und Zucker in einen Topf geben, ggf. Weinstein zufügen. Bei geringer Hitze unter Rühren den Zucker auflösen.

3 Sirup zum Kochen bringen und kochen, bis er karamellisiert. Nach Wunsch mehr oder weniger dunkel karamellisieren, aber nicht verbrennen lassen.

4 Crème double sehr vorsichtig löffelweise mit Schneebesen unterrühren (es spritzt, am besten Ofenhandschuhe anziehen).

5 Butter und Salz zufügen, Masse mit dem Schneebesen glatt schlagen. Gehackte Schokolade in eine Stahlschüssel geben.

6 Die Karamellmischung zur Schokolade gießen und alles glatt rühren.

7 Masse in die Form füllen und mit einer Winkelpalette glätten. Ein paar Stunden fest werden lassen, dann im Kühlschrank etwa 30 Minuten auskühlen lassen.

8 Ganache auf eine kühle Marmorplatte stürzen. Folie entfernen. Ein Messer in heißes Wasser tauchen und abtrocknen, den Block in 2 cm große Würfel schneiden.

9 Noch einmal im Kühlschrank 30 Minuten kühlen. Inzwischen die restliche Schokolade temperieren (siehe S. 17).

10 Würfel in die geschmolzene Schokolade tauchen und auf das Backblech setzen. Mit Meersalz bestreuen. In etwa 30 Minuten fest werden lassen.

11 In Kapseln setzen und gleich genießen. Oder mit Abstand in luftdichtem Behälter im Kühlschrank aufbewahren.

Pralinen, Trüffel und Schoko-Konfekt

Zweifarbige Schokoladenborke

Schokoladenborke ist eigentlich eine verfeinerte Schokolade in Tafeln, eine einfache Möglichkeit, hochwertiger Schokolade noch einen weiteren, individuellen Touch zu geben. Dieses Rezept ist besonders leicht zu realisieren und erfordert praktisch keine Vorbereitungszeit. Die Zugabe von Salzkristallen erinnert an die in den USA beliebten, mit Schokolade überzogenen Brezeln.

Für etwa 550 g

500 g weiße Schokolade

50 g Edelbitterschokolade (70 % Kakaoanteil)

1 TL grobes Meersalz, z. B. Fleur de Sel aus der Provence

Tipp
Schokoladenborke ist ein schönes Geschenk. Einfach in große Stücke brechen, diese erst in Pergamentpapier und dann in Geschenkpapier wickeln und mit hübschem Band versehen.

1 Ein Backblech mit Backpapier auslegen. Weiße und Edelbitterschokolade fein hacken.

2 Weiße Schokolade in eine Stahlschüssel geben, über einen Topf mit leicht köchelndem Wasser stellen. Das Wasser darf den Boden der Schüssel nicht berühren, sonst »verbrennt« die Schokolade. Ab und zu umrühren, um das Schmelzen zu unterstützen.

3 Zwei Drittel der weißen Schokolade auf das vorbereitete Backblech gießen.

4 Mit Salz bestreuen, dann mit der dunklen gehackten Schokolade bestreuen.

5 Sofort die restliche weiße Schokolade darübergießen.

6 Schokolade mit einer Winkelpalette glätten. 12–15 Minuten stehen lassen, bis sie fest geworden ist.

7 Mit dem Backpapier auf eine Arbeitsfläche ziehen, ein Brett auflegen und die Schokolade mit dem Brett umdrehen. Vorsichtig das Backpapier abziehen.

8 Borke mit einem scharfen Messer in unregelmäßige Stücke schneiden.

9 Gleich genießen oder in einem luftdichten Behälter im Kühlschrank aufbewahren. 30 Minuten vor dem Genuss herausnehmen, da man Schokolade mit Zimmertemperatur essen sollte.

Mandel-Schokoladenborke

Eine der einfachsten, dennoch köstlichsten Leckereien, die Sie aus Schokolade selbst herstellen können. Dazu ist sie sehr vielseitig. Dieses Rezept ergibt Schokoborke mit Mandelblättchen, auf die noch Pistazien gestreut werden, aber Sie können jede Kombination diverser Schokoladesorten und Nüssen nehmen, die Sie mögen.

1 Ein Backblech mit Klarsichtfolie auslegen und beiseite stellen. Ofen auf 160 °C (Gas Stufe 2) vorheizen.

2 Die Mandelblättchen auf einem anderen Backblech verteilen und im Ofen leicht anbräunen. Das sollte etwa 7 Minuten dauern. Zwischendurch wenden. Gut aufpassen, damit sie nicht verbrennen und bitter werden.

3 Die dunkle Schokolade in einer Stahlschüssel über einem Topf mit leicht köchelndem Wasser schmelzen, dabei ab und zu umrühren.

4 Die Mandeln unter die Schokolade rühren. Die Masse zügig auf das vorbereitete Backblech geben und die Oberfläche mit einer Winkelpalette glätten.

5 Das Backblech ein paarmal auf die Arbeitsfläche klopfen, um Luftbläschen zu entfernen.

6 Mit Pistazien bestreuen. In 12–15 Minuten fest werden lassen. Sie können das Blech auch in den Kühlschrank stellen, dann geht es schneller.

7 Die Borke an den Rändern der Klarsichtfolie vom Blech heben. Dabei die Oberseite vorsichtig gegen die Fingerspitzen lehnen und die Folie mit der anderen Hand abziehen.

8 Die Mandelborke mit einem scharfen Messer in unregelmäßige Stücke schneiden.

9 Gleich genießen oder in einem luftdichten Behälter im Kühlschrank aufbewahren. 30 Minuten vor dem Genuss herausnehmen.

Für etwa 450 g

200 g gehobelte Mandeln

200 g Zartbitterschokolade (55–64 % Kakaoanteil)

50 g gehackte Pistazien

Tipp

Wenn Sie die Schokolade kühlstellen, damit sie schneller fest wird, kann sie beim Schneiden der Stücke splittern. Um dies zu vermeiden, lassen Sie sie erst wieder Zimmertemperatur erreichen.

Schokoladenförmchen

Diese kleinen Schokoladenkapseln sind leicht zu machen und sehen exquisit aus. Dunkle Schokolade und Beeren sind ein zauberhaftes Dessert. Sie können die Förmchen aber auch mit Schlagsahne oder selbstgemachter Mousse au chocolat füllen.

Für 6 Förmchen

300 g Edelbitterschokolade (64–70 % Kakaoanteil), temperiert (siehe S. 17)

600 g Beeren (Himbeeren, Blaubeeren, Brombeeren)

200 g Crème double (optional)

feiner Zucker oder Vanillezucker zum Bestreuen (optional)

1 Sechs Muffin-Förmchen aus Papier auf ein Backblech stellen, dann für besseren Halt noch je ein Förmchen hineinstellen.

2 Temperierte Schokolade in ein Förmchen gießen und mit einem sauberen, trockenen Backpinsel oder einem kleinen Malpinsel die Innenseite mit einer Schokoladenschicht bestreichen. Den Vorgang bei den anderen Förmchen wiederholen.

3 In etwa 2 Minuten fest werden lassen, dann eine zweite Schicht auftragen.

4 Ganz fest werden lassen. Das kann bis zu 5 Stunden dauern. Das Papier abziehen und die Füllung vorbereiten.

5 Wenn Sie Crème double verwenden, aufschlagen und etwas davon in jedes Förmchen geben. Mit Beeren auffüllen. Wenn die Beeren zu sauer sind, nach Geschmack mit Zucker bestreuen.

6 Sofort genießen. Die Förmchen können in einem luftdichten Behälter im Kühlschrank bis zu einer Woche aufbewahrt werden, aber wenn sie gefüllt sind, müssen sie innerhalb weniger Stunden serviert werden.

VARIATION: Einige Beeren mit etwas Zucker zerdrücken und unter die geschlagene Crème ziehen. Ganze Beeren daraufsetzen.

Für etwa 24 Taler

Butter zum Einfetten

50 g kandierte Früchte

200 g Edelbitterschokolade (64–70 % Kakaoanteil), temperiert (siehe S. 17)

Schokotaler mit kandierten Früchten

Diese kleinen, mit Edelsteinen aus kandierten Früchten besetzten Schokoladentaler sind ein sehr hübsches, originelles Geschenk. Außerdem sind sie eine praktische Methode, um bei der Zubereitung anderer Speisen übriggebliebene kandierte Früchte zu verwerten.

1 Kleine Buttertupfen auf ein Backblech streichen, dann mit Backpapier auslegen.
2 Die kandierten Früchte in kleine, hübsche Stücke schneiden.
3 Die temperierte Schokolade in einen Trichter füllen oder einen Teelöffel verwenden, um kleine Schokoladenkreise auf das Backpapier zu setzen.
4 Rasch mit den kandierten Früchten dekorieren. Eventuell in einzelnen Portionen arbeiten oder sich beim Belegen helfen lassen.

5 Die Schokotaler in etwa 1 Stunde fest werden lassen, dann vom Papier abziehen und auf einen hübschen Servierteller oder in eine mit Papier ausgekleidete Form legen.
6 In einem luftdichten Behälter an einem kühlen Ort bis zu einer Woche aufbewahren. Nicht in den Kühlschrank stellen, dort können die kandierten Früchte abfärben.

VARIATION: Für Kinder Milchschokolade nehmen und mit Süßigkeiten dekorieren.

Pralinen, Trüffel und Schoko-Konfekt 151

Schokoladenschiffchen

Buttrige Mürbteigschiffchen sind die perfekte Hülle für eine üppige dunkle Schokoladen-Ganache. Sie können die Schiffchen im Voraus herstellen und die Ganache in letzter Minute machen, um rasch ein einfaches und trotzdem elegantes Kleingebäck zu zaubern. Für die Schiffchen brauchen Sie eine Backform.

1 Für den Teig Butter mit Puderzucker cremig rühren.

2 Mehl, Salz und Eigelb unterrühren, bis alles eben verbunden ist. Rasch zu einem Ball verkneten. In Klarsichtfolie wickeln und zu einer flachen Scheibe drücken. Etwa 30 Minuten an einem kühlen Platz ruhen lassen (nicht im Kühlschrank).

3 Eine Arbeitsfläche und den Teig leicht mit Mehl bestäuben. Teig noch einmal ganz kurz durchkneten und etwa 3 mm dick ausrollen. Die Boote müssen stabil sein, aber nicht zu dick, damit sie die Füllung nicht dominieren.

4 Den Teig in Tropfenformen schneiden, die etwas größer sind als die Schiffsformen. Mit einem Messer oder einer Palette vorsichtig von der Arbeitsfläche heben und in die Mulden legen. In die Formen drücken und überschüssigen Teig entfernen.

6 Die Formen auf ein Backblech stellen und etwa 15 Minuten kühlen. Inzwischen den Backofen auf 180 °C (Gas Stufe 3) vorheizen.

7 Etwa 7 Minuten backen, bis die Schiffchen an den Rändern gerade goldbraun sind und der Teig durchgebacken ist.

8 Auskühlen lassen, dann aus den Formen nehmen und auf ein Blech legen.

9 Für die Füllung Crème double und Glukosesirup zum Kochen bringen.

10 Die Schokolade in Stücke brechen und in eine Stahlschüssel geben, die Sahnemischung darübergießen. Ab und zu umrühren, bis die Schokolade geschmolzen ist.

11 Die Ganache mit einem Löffel in die Teigschiffchen füllen. Gleich genießen oder in einem luftdichten Behälter im Kühlschrank bis zu 3 Tage aufbewahren. Vor dem Genuss Zimmertemperatur annehmen lassen.

Für etwa 24 Schiffchen

Für den Teig

115 g weiche Butter

50 g Puderzucker

175 g Mehl

1 Prise Salz

½ Eigelb

Für die Füllung

4 EL Crème double

50 ml Glukosesirup

175 g Edelbitterschokolade (64–70 % Kakaoanteil)

Mini-Schokoladenbrownies

Für 16–20 Brownies

300 g Edelbitterschokolade (70 % Kakaoanteil), gehackt

125 g Butter

3 Eier

175 g hellbrauner Zucker

½ TL Meersalz

½ TL Vanilleextrakt

100 g Mehl

150 g Bitterschokolade (55–64 % Kakaoanteil), in 1 cm großen Würfeln

Für Brownies gibt es unzählige Rezepte und genauso viele Gründe, eines zu bevorzugen. Dies hier sind Brownies für diejenigen, die eine Kombination von feuchtklebriger und normaler Kuchenkonsistenz mögen. In den Teig hineinschmelzende Schokostückchen schaffen Glücksmomente reinen Schokogeschmacks!

1 Backofen auf 160 °C (Gas Stufe 2) vorheizen.

2 Eine 20 × 20 cm große Form mit Backpapier auslegen. Das Papier soll an den Rändern überstehen.

3 Schokolade und Butter in einer Schüssel über einem Topf mit köchelndem Wasser schmelzen, ab und zu umrühren. Vom Topf nehmen, etwas abkühlen lassen.

4 In einer sauberen Schüssel Eier, Zucker, Salz und Vanille schaumig schlagen.

5 Geschmolzene Schokolade unterziehen, dann Mehl und Schokostückchen. In die vorbereitete Backform füllen.

6 Auf der mittleren Schiene 27 Minuten backen, sodass die Oberfläche fest ist, das Innere noch feucht und klebrig. Ausschlaggebend für die Konsistenz der Brownies ist, sie nicht zu lange zu backen. Wenn Ihr Ofen relativ kühl ist, geben Sie eine Minute zu. Die fertigen Brownies sind erst noch sehr weich, werden aber während des Abkühlens fester.

7 Aus dem Ofen nehmen und in der Form auskühlen lassen. Aus der Form nehmen und in kleine Würfel schneiden. Gleich genießen oder in einem luftdichten Behälter bis zu 4 Tage aufbewahren.

Pralinen, Trüffel und Schoko-Konfekt 153

Schokoladen-Tuiles

Dieses dünne Knuspergebäck passt großartig zu Eiscreme oder Mousse au chocolat. Die »Ziegeln« können geformt werden, solange sie noch warm sind, man kann sie aber auch flach lassen. Einen persönlichen Touch können Sie einem Dessert geben, indem Sie aus dem Teig die Anfangsbuchstaben Ihrer Gäste backen.

Für 20–30 Tuiles

125 g weiche Butter, dazu Butter zum Einfetten

125 g feiner Zucker

3 Eiweiße

100 g Mehl, dazu Mehl zum Bestäuben

25 g Kakaopulver

Tipp

Wenn die Tuiles durch die Aufbewahrung weich geworden sind, stellen Sie sie 3 Minuten in den auf 180 °C (Gas Stufe 3) vorgeheizten Ofen, das macht sie wieder knusprig.

1 Ein Backblech mit Butter einfetten und mit Mehl bestäuben. Ofen auf 180 °C (Gas Stufe 3) vorheizen.

2 Butter mit Zucker schaumig rühren. Das Eiweiß dazugeben und gut vermischen.

3 Mehl und Kakaopulver über die Mischung sieben und mit einem Gummispatel einarbeiten. Den Teig nicht zu stark rühren.

4 Die Masse in einen Spritzbeutel füllen und Streifen auf das Backblech spritzen (oder Förmchen verwenden). 6–8 Minuten backen, bis der Teig goldbraun ist.

5 Aus dem Ofen nehmen. Wenn Sie Tuiles formen möchten, die Teigstreifen rasch über ein Nudelholz legen; für Cigarettes Russes um den Griff eines Holzlöffels wickeln, dann zum Auskühlen auf ein Gitter gleiten lassen. Dieses zarte Gebäck beginnt fest zu werden, sobald man es aus dem Ofen nimmt, daher ist Eile geboten.

6 Erkalten lassen und genießen. In luftdichtem Behälter bis zu 3 Tage aufbewahren.

VARIATION: Für eine einfachere Version der Tuiles das Kakaopulver durch Mehl ersetzen. Zum Aromatisieren kann abgeriebene Orangen- oder Zitronenschale zugegeben werden.

Mini-Lamingtons

Dieses typisch australische Gebäck ist einen Versuch wert. Entscheidend für das Gelingen ist die Konsistenz des Biskuitteigs. Er muss feucht und locker und sehr, sehr luftig sein. Der Schokoladenüberzug und die Kokosraspeln gehören auf jeden Fall zu dieser leichten, süßen Verführung.

Für 12–15 Lamingtons

Für den Kuchen

15 g Butter, dazu Butter zum Einfetten

3 Eier

100 g feiner Zucker

100 g Mehl

1 leicht gehäufter TL Backpulver

1 Prise Salz

35 g Stärke

3 EL heißes Wasser

300 g Kokosraspeln

Für die Glasur

15 g Butter

375 g Puderzucker, gesiebt

150 g Zartbitterschokolade (55 % Kakaoanteil), gehackt

6 EL Milch

1 Backofen auf 160 °C (Gas Stufe 2) vorheizen. Eine 20 × 30 cm große Backform buttern und mit Backpapier auslegen. 15 g Butter schmelzen.

2 Eier mit einem Handrührgerät schaumig schlagen, dann den Zucker hinzugeben. Zu einer leichten, schaumigen Masse schlagen.

3 Mehl, Backpulver, Salz und Stärke über die Eier sieben und mit einem Gummispatel unterheben.

4 Die flüssige Butter mit heißem Wasser verrühren und in die Mehlmischung einarbeiten.

5 Die Masse in die vorbereitete Backform gießen und 25–30 Minuten backen, bis sie gerade fest ist und sich von den Seiten der Form löst.

6 Aus dem Backofen nehmen und etwa 10 Minuten abkühlen lassen, dann auf ein Kuchengitter stürzen.

7 Wenn der Kuchen völlig erkaltet ist, in 12–15 Stücke schneiden.

8 Kokosraspeln auf eine große Platte streuen.

9 Für die Glasur alle Zutaten in eine Stahlschüssel geben und über einen Topf mit leicht köchelndem Wasser stellen. Mit dem Schneebesen kontinuierlich rühren, um eine glatte Masse zu erhalten. Vom Herd nehmen, aber die Schüssel über dem heißen Wasser belassen.

10 Die Kuchenstücke mit einer Tauchgabel in die Schokoglasur tauchen. Zum Entfernen überschüssiger Glasur den Boden des Kuchenstücks über den Schüsselrand ziehen. Kuchen vorsichtig in den Kokosraspeln wälzen.

11 Die Lamingtons auf ein sauberes Gitter legen und die Glasur in etwa 15 Minuten fest werden lassen. Gleich genießen oder in einem luftdichten Behälter bis zu 3 Tage aufbewahren.

Nährwertangaben

Altmodisches Schokoladen-Fudge Gesamtmenge: Energiegehalt 5707 kcal/24098 kJ; Eiweiß 28,8 g; Kohlenhydrate 1074,8 g, davon Zucker 1056,3 g; Fett 173,2 g, davon gesättigt 105,6 g; Cholesterin 239 mg; Kalzium 856 mg; Ballaststoffe 0 g; Natrium 787 mg.

Ananashappen Pro Portion: Energiegehalt 61 kcal/259 kJ; Eiweiß 0,2 g; Kohlenhydrate 13,8 g, davon Zucker 13,8 g; Fett 0,9 g, davon gesättigt 0,6 g; Cholesterin 2 mg; Kalzium 13 mg; Ballaststoffe 0 g; Natrium 9 mg.

Anisspiralen Gesamtmenge: Energiegehalt 1894 kcal/8079 kJ; Eiweiß 2 g; Kohlenhydrate 502,7 g, davon Zucker 458,2 g; Fett 0 g; Cholesterin 0 mg; Kalzium 220 mg; Ballaststoffe 0 g; Natrium 17 mg.

Bienenwaben-Toffee Gesamtmenge: Energiegehalt 3350 kcal/14147 kJ; Eiweiß 4,4 g; Kohlenhydrate 643,2 g, davon Zucker 643,2 g; Fett 102,1 g, davon gesättigt 67,5 g; Cholesterin 288 mg; Kalzium 783 mg; Ballaststoffe 0 g; Natrium 1598 mg.

Birnendrops Gesamtmenge: Energiegehalt 1841 kcal/7860 kJ; Eiweiß 2,4 g; Kohlenhydrate 488,1 g, davon Zucker 488,1 g; Fett 0,2 g, davon gesättigt 0 g; Cholesterin 0 mg; Kalzium 251 mg; Ballaststoffe 0 g; Natrium 31 mg.

Bonfire Toffees Gesamtmenge: Energiegehalt 2386 kcal/10037 kJ; Eiweiß 4,5 g; Kohlenhydrate 386,3 g, davon Zucker 386,3 g; Fett 102,1 g, davon gesättigt 67,5 g; Cholesterin 288 mg; Kalzium 1263 mg; Ballaststoffe 0 g; Natrium 1167 mg.

Brombeerpaste Pro Portion: Energiegehalt 70 kcal/297 kJ; Eiweiß 0,3 g; Kohlenhydrate 18,2 g, davon Zucker 18,2 g; Fett 0 g; Cholesterin 0 mg; Kalzium 17 mg; Ballaststoffe 0,6 g; Natrium 6 mg.

Butterscotch Gesamtmenge: Energiegehalt 2987 kcal/12529 kJ; Eiweiß 5 g; Kohlenhydrate 422,1 g, davon Zucker 422,1 g; Fett 162,3 g, davon gesättigt 99 g; Cholesterin 425 mg; Kalzium 302 mg; Ballaststoffe 0 g; Natrium 830 mg.

Champagner-Trüffel Pro Portion: Energiegehalt 144 kcal/601 kJ; Eiweiß 1,3 g; Kohlenhydrate 14,8 g, davon Zucker 13,7 g; Fett 9,2 g, davon gesättigt 5,4 g; Cholesterin 9 mg; Kalzium 18 mg; Ballaststoffe 0 g; Natrium 16 mg.

Clementinen-Fudge Gesamtmenge: Energiegehalt 7450 kcal/31305 kJ; Eiweiß 38,9 g; Kohlenhydrate 1132,5 g, davon Zucker 1132,5 g; Fett 355,4 g, davon gesättigt 209,5 g; Cholesterin 620 mg; Kalzium 1746 mg; Ballaststoffe 7,2 g; Natrium 1860 mg.

Dunkle Schokotrüffel Pro Portion: Energiegehalt 62 kcal/256 kJ; Eiweiß 0,4 g; Kohlenhydrate 3,6 g, davon Zucker 3,6 g; Fett 5 g, davon gesättigt 3,1 g; Cholesterin 9 mg; Kalzium 4 mg; Ballaststoffe 0,1 g; Natrium 6 mg.

Dunkler Karamellbruch Gesamtmenge: Energiegehalt 1919 kcal/8074 kJ; Eiweiß 2 g; Kohlenhydrate 313,5 g, davon Zucker 313,5 g; Fett 81,7 g, davon gesättigt 54 g; Cholesterin 230 mg; Kalzium 174 mg; Ballaststoffe 0 g; Natrium 768 mg.

Edelsteinlutscher Gesamtmenge: Energiegehalt 157 kcal/668 kJ; Eiweiß 0,6 g; Kohlenhydrate 38,4 g, davon Zucker 37,8 g; Fett 1,2 g, davon gesättigt 0,2 g; Cholesterin 0 mg; Kalzium 22 mg; Ballaststoffe 0,2 g; Natrium 16 mg.

Edinburgh Rocks Gesamtmenge: Energiegehalt 1821 kcal/7768 kJ; Eiweiß 2,3 g; Kohlenhydrate 483 g, davon Zucker 476,3 g; Fett 0 g; Cholesterin 0 mg; Kalzium 240 mg; Ballaststoffe 0 g; Natrium 50 mg.

Einfache Mandelpaste Gesamtmenge: Energiegehalt 2020 kcal/8525 kJ; Eiweiß 26,5 g; Kohlenhydrate 338 g, davon Zucker 338 g; Fett 63,5 g, davon gesättigt 6 g; Cholesterin 0 mg; Kalzium 330 mg; Ballaststoffe 9,5 g; Natrium 100 mg.

Erdbeerwölkchen Gesamtmenge: Energiegehalt 1981 kcal/8250 kJ; Eiweiß 13,1 g; Kohlenhydrate 167,9 g, davon Zucker 167,9 g; Fett 161,3 g, davon gesättigt 90 g; Cholesterin 390 mg; Kalzium 259 mg; Ballaststoffe 2,4 g; Natrium 249 mg.

Erdnuss-Fudge Gesamtmenge: Energiegehalt 8274 kcal/34696 kJ; Eiweiß 96,6 g; Kohlenhydrate 1091 g, davon Zucker 1068 g; Fett 434,7 g, davon gesättigt 185,1 g; Cholesterin 572 mg; Kalzium 791 mg; Ballaststoffe 19,8 g; Natrium 2705 mg.

Erdnuss-Krokant Gesamtmenge: Energiegehalt 2626 kcal/11011 kJ; Eiweiß 65,3 g; Kohlenhydrate 305 g, davon Zucker 289,2 g; Fett 135,4 g, davon gesättigt 34 g; Cholesterin 58 mg; Kalzium 276 mg; Ballaststoffe 15,5 g; Natrium 514 mg.

Erdnuss-Popcorn Gesamtmenge: Energiegehalt 3570 kcal/14934 kJ; Eiweiß 73,5 g; Kohlenhydrate 380,4 g, davon Zucker 294,9 g; Fett 113,8 g, davon gesättigt 29,5 g; Cholesterin 81 mg; Kalzium 177 mg; Ballaststoffe 15,5 g; Natrium 257 mg.

Espresso-Haselnuss-Kugeln Pro Portion: Energiegehalt 52 kcal/219 kJ; Eiweiß 1,2 g; Kohlenhydrate 4,3 g, davon Zucker 4,2 g; Fett 3,5 g, davon gesättigt 0,3 g; Cholesterin 2 mg; Kalzium 12 mg; Ballaststoffe 0,4 g; Natrium 1 mg.

Espresso-Macadamia-Fudge Gesamtmenge: Energiegehalt 9614 kcal/40330 kJ; Eiweiß 133,6 g; Kohlenhydrate 1257,1 g, davon Zucker 1223,5 g; Fett 501,6 g, davon gesättigt 226,8 g; Cholesterin 675 mg; Kalzium 1665 mg; Ballaststoffe 22,3 g; Natrium 1851 mg.

Feigen-Tablet Gesamtmenge: Energiegehalt 4223 kcal/17946 kJ; Eiweiß 12,9 g; Kohlenhydrate 996,3 g, davon Zucker 996,3 g; Fett 48,2 g, davon gesättigt 30,6 g; Cholesterin 136 mg; Kalzium 887 mg; Ballaststoffe 6,9 g; Natrium 569 mg.

Französischer Nougat Gesamtmenge: Energiegehalt 5644 kcal/23755 kJ; Eiweiß 62,8 g; Kohlenhydrate 878,1 g, davon Zucker 859,8 g; Fett 233,4 g, davon gesättigt 36,8 g; Cholesterin 92 mg; Kalzium 1171 mg; Ballaststoffe 36,4 g; Natrium 1388 mg.

Frucht-Brausepulver Gesamtmenge: Energiegehalt 1970 kcal/8405 kJ; Eiweiß 2,5 g; Kohlenhydrate 522,5 g, davon Zucker 522,5 g; Fett 0 g, davon gesättigt 0 g; Cholesterin 0 mg; Kalzium 265 mg; Ballaststoffe 0 g; Natrium 30 mg.

Gefüllte Datteln Pro Portion: Energiegehalt 92 kcal/388 kJ; Eiweiß 1,3 g; Kohlenhydrate 15 g, davon Zucker 14,9 g; Fett 2,8 g, davon gesättigt 0,3 g; Cholesterin 0 mg; Kalzium 15 mg; Ballaststoffe 0,7 g; Natrium 13 mg.

Grand-Marnier-Trüffel Pro Portion: Energiegehalt 66 kcal/277 kJ; Eiweiß 0,4 g; Kohlenhydrate 7,4 g, davon Zucker 7 g; Fett 4,2 g, davon gesättigt 2,5 g; Cholesterin 6 mg; Kalzium 7 mg; Ballaststoffe 0,1 g; Natrium 20 mg.

Haselnussbruch Gesamtmenge: Energiegehalt 2876 kcal/12094 kJ; Eiweiß 30,2 g; Kohlenhydrate 430 g, davon Zucker 426 g; Fett 127 g, davon gesättigt 9,4 g; Cholesterin 0 mg; Kalzium 492 mg; Ballaststoffe 13 g; Natrium 36 mg.

Himbeerlutscher Gesamtmenge: Energiegehalt 1651 kcal/7051 kJ; Eiweiß 6,2 g; Kohlenhydrate 431,8 g, davon Zucker 431,8 g; Fett 0,9 g, davon gesättigt 0,3 g; Cholesterin 0 mg; Kalzium 287 mg; Ballaststoffe 7,5 g; Natrium 33 mg.

Himbeer-Marshmallow-Herzen Gesamtmenge: Energiegehalt 2274 kcal/9699 kJ; Eiweiß 61,8 g; Kohlenhydrate 538,2 g, davon Zucker 485,5 g; Fett 0,9 g, davon gesättigt 0,3 g; Cholesterin 0 mg; Kalzium 300 mg; Ballaststoffe 5 g; Natrium 203 mg.

Honig-Sesam-Konfekt Gesamtmenge: Energiegehalt 1878 kcal/7850 kJ; Eiweiß 37,3 g; Kohlenhydrate 182,7 g, davon Zucker 181,7 g; Fett 116 g, davon gesättigt 16,6 g; Cholesterin 0 mg; Kalzium 1398 mg; Ballaststoffe 15,8 g; Natrium 57 mg.

Ingwer-Gummibonbons Gesamtmenge: Energiegehalt 2269 kcal/9675 kJ; Eiweiß 19,8 g; Kohlenhydrate 582,6 g, davon Zucker 536,6 g; Fett 0,3 g, davon gesättigt 0,1 g; Cholesterin 0 mg; Kalzium 302 mg; Ballaststoffe 1 g; Natrium 80 mg.

Joghurt-Pekannuss-Fudge Gesamtmenge: Energiegehalt 3267 kcal/13719 kJ; Eiweiß 27,7 g; Kohlenhydrate 467,3 g, davon Zucker 465 g; Fett 156,4 g, davon gesättigt 42,1 g; Cholesterin 141 mg; Kalzium 748 mg; Ballaststoffe 7 g; Natrium 743 mg.

Kandierte Ananas Gesamtmenge: Energiegehalt 4186 kcal/17866 kJ; Eiweiß 7,4 g; Kohlenhydrate 1105,6 g, davon Zucker 1105,6 g; Fett 1,2 g, davon gesättigt 0 g; Cholesterin 0 mg; Kalzium 638 mg; Ballaststoffe 7,2 g; Natrium 72 mg.

Kandierte Rosenblüten Gesamtmenge: Energiegehalt 406 kcal/1730 kJ; Eiweiß 3,4 g; Kohlenhydrate 104,5 g, davon Zucker 104,5 g; Fett 0 g; Cholesterin 0 mg; Kalzium 55 mg; Ballaststoffe 0 g; Natrium 67 mg.

Kandierte Zitrusschale Gesamtmenge: Energiegehalt 2772 kcal/11808 kJ; Eiweiß 3,6 g; Kohlenhydrate 709,2 g, davon Zucker 709,2 g; Fett 10,8 g, davon gesättigt 0 g; Cholesterin 0 mg; Kalzium 1560 mg; Ballaststoffe 57,6 g; Natrium 3360 mg.

Kandierter Ingwer Gesamtmenge: Energiegehalt 2723 kcal/11612 kJ; Eiweiß 3,7 g; Kohlenhydrate 721,7 g, davon Zucker 721,7 g; Fett 0 g; Cholesterin 0 mg; Kalzium 433 mg; Ballaststoffe 2,7 g; Natrium 111 mg.

Karamelläpfel Pro Portion: Energiegehalt 366 kcal/1534 kJ; Eiweiß 0,8 g; Kohlenhydrate 46,9 g, davon Zucker 46,9 g; Fett 21,9 g, davon gesättigt 13,4 g; Cholesterin 57 mg; Kalzium 33 mg; Ballaststoffe 1,1 g; Natrium 160 mg.

Karamellbutter-Popcorn Gesamtmenge: Energiegehalt 1440 kcal/6054 kJ; Eiweiß 6,3 g; Kohlenhydrate 232,8 g, davon Zucker 186,3 g; Fett 60 g, davon gesättigt 6 g; Cholesterin 54 mg; Kalzium 18 mg; Ballaststoffe 0 g; Natrium 168 mg.

Kirsch-Mandel-Makronen Pro Portion: Energiegehalt 30 kcal/126 kJ; Eiweiß 0,7 g; Kohlenhydrate 3,3 g, davon Zucker 3,2 g; Fett 1,6 g, davon gesättigt 0,1 g; Cholesterin 0 mg; Kalzium 8 mg; Ballaststoffe 0,2 g; Natrium 2 mg.

Kirschwölkchen Gesamtmenge: Energiegehalt 2483 kcal/10586 kJ; Eiweiß 8,6 g; Kohlenhydrate 652,4 g, davon Zucker 599 g; Fett 0 g; Cholesterin 0 mg; Kalzium 337 mg; Ballaststoffe 1,8 g; Natrium 380 mg.

Knusperbirnen Pro Portion: Energiegehalt 85 kcal/362 kJ; Eiweiß 0,1 g; Kohlenhydrate 22,4 g, davon Zucker 22,4 g; Fett 0 g; Cholesterin 0 mg; Kalzium 12 mg; Ballaststoffe 0,3 g; Natrium 2 mg.

Kokos-Dattel-Röllchen Pro Portion: Energiegehalt 63 kcal/264 kJ; Eiweiß 0,7 g; Kohlenhydrate 9,7 g, davon Zucker 9,7 g; Fett 2,6 g, davon gesättigt 2,2 g; Cholesterin 0 mg; Kalzium 7 mg; Ballaststoffe 1,1 g; Natrium 3 mg.

Kokosnuss-Kardamom-Karamellen Gesamtmenge: Energiegehalt 4419 kcal/18575 kJ; Eiweiß 11,4 g; Kohlenhydrate 691,4 g, davon Zucker 691,4 g; Fett 208,2 g, davon gesättigt 134,6 g; Cholesterin 408 mg; Kalzium 454 mg; Ballaststoffe 10,3 g; Natrium 1049 mg.

Kokoswürfel Gesamtmenge: Energiegehalt 4682 kcal/19746 kJ; Eiweiß 20,1 g; Kohlenhydrate 816,1 g, davon Zucker 816,1 g; Fett 171,4 g, davon gesättigt 147,4 g; Cholesterin 0 mg; Kalzium 548 mg; Ballaststoffe 37,7 g; Natrium 452 mg.

Lakritzbruch Gesamtmenge: Energiegehalt 1343 kcal/5727 kJ; Eiweiß 2,5 g; Kohlenhydrate 355,2 g, davon Zucker 355,2 g; Fett 0 g; Cholesterin 0 mg; Kalzium 632 mg; Ballaststoffe 0 g; Natrium 1361 mg.

Lakritzstangen Pro Portion: Energiegehalt 229 kcal/965 kJ; Eiweiß 1,9 g; Kohlenhydrate 41,9 g, davon Zucker 41,9 g; Fett 7,1 g, davon gesättigt 4,6 g; Cholesterin 22 mg; Kalzium 73 mg; Ballaststoffe 0 g; Natrium 125 mg.

Lakritz-Sternanis-Tropfen Pro Portion: Energiegehalt 56 kcal/239 kJ; Eiweiß 0,1 g; Kohlenhydrate 14,8 g, davon Zucker 14,8 g; Fett 0 g; Cholesterin 0 mg; Kalzium 26 mg; Ballaststoffe 0 g; Natrium 57 mg.

Mandel-Milch-Fudge Gesamtmenge: Energiegehalt 6842 kcal/28342 kJ; Eiweiß 115,5 g; Kohlenhydrate 230,9 g, davon Zucker 217,4 g; Fett 641,5 g, davon gesättigt 235,6 g; Cholesterin 915 mg; Kalzium 1560 mg; Ballaststoffe 37 g; Natrium 1128 mg.

Mandelschäumchen Gesamtmenge: Energiegehalt 1088 kcal/4565 kJ; Eiweiß 27,4 g; Kohlenhydrate 127,1 g, davon Zucker 124,4 g; Fett 55,8 g, davon gesättigt 4,7 g; Cholesterin 0 mg; Kalzium 304 mg; Ballaststoffe 7,4 g; Natrium 143 mg.

Mandel-Schokoladenborke Gesamtmenge: Energiegehalt 2575 kcal/10705 kJ; Eiweiß 60,6 g; Kohlenhydrate 147,5 g, davon Zucker 130,3 g; Fett 197,7 g, davon gesättigt 46,9 g; Cholesterin 18 mg; Kalzium 611 mg; Ballaststoffe 17,9 g; Natrium 315 mg.

Marshmallow-Stangen Gesamtmenge: Energiegehalt 2224 kcal/9481 kJ; Eiweiß 59 g; Kohlenhydrate 529 g, davon Zucker 476,3 g; Fett 0,3 g, davon gesättigt 0,1 g; Cholesterin 0 mg; Kalzium 250 mg; Ballaststoffe 0,1 g; Natrium 197 mg.

Marzipan Gesamtmenge: Energiegehalt 2424 kcal/10230 kJ; Eiweiß 31,8 g; Kohlenhydrate 405,6 g, davon Zucker 405,6 g; Fett 76,2 g, davon gesättigt 7,2 g; Cholesterin 0 mg; Kalzium 396 mg; Ballaststoffe 11,4 g; Natrium 120 mg.

Marzipan-Haselnüsse Pro Portion: Energiegehalt 45 kcal/186 kJ; Eiweiß 0,8 g; Kohlenhydrate 3,6 g, davon Zucker 3,5 g; Fett 3 g, davon gesättigt 0,2 g; Cholesterin 0 mg; Kalzium 9 mg; Ballaststoffe 0,3 g; Natrium 1 mg.

Marzipanhummeln Pro Portion: Energiegehalt 67 kcal/281 kJ; Eiweiß 1 g; Kohlenhydrate 10,2 g, davon Zucker 10,2 g; Fett 2,5 g, davon gesättigt 0,2 g; Cholesterin 0 mg; Kalzium 12 mg; Ballaststoffe 0,4 g; Natrium 3 mg.

Meeresschaum Gesamtmenge: Energiegehalt 1628 kcal/6942 kJ; Eiweiß 3,5 g; Kohlenhydrate 430,1 g, davon Zucker 423,4 g; Fett 0 g; Cholesterin 0 mg; Kalzium 242 mg; Ballaststoffe 1,1 g; Natrium 104 mg.

Mini-Lamingtons Pro Portion: Energiegehalt 365 kcal/1530 kJ; Eiweiß 4,1 g; Kohlenhydrate 48,7 g, davon Zucker 40,9 g; Fett 18,4 g, davon gesättigt 13,9 g; Cholesterin 48 mg; Kalzium 53 mg; Ballaststoffe 2,9 g; Natrium 46 mg.

Mini-Schokoladenbrownies Pro Portion: Energiegehalt 228 kcal/955 kJ; Eiweiß 2,7 g; Kohlenhydrate 27,6 g, davon Zucker 22,6 g; Fett 12,7 g, davon gesättigt 7,5 g; Cholesterin 49 mg; Kalzium 26 mg; Ballaststoffe 0,2 g; Natrium 62 mg.

Orange-Mandel-Kugeln Pro Portion: Energiegehalt 56 kcal/234 kJ; Eiweiß 0,6 g; Kohlenhydrate 8,3 g, davon Zucker 8,1 g; Fett 2,3 g, davon gesättigt 0,8 g; Cholesterin 0 mg; Kalzium 7 mg; Ballaststoffe 0,2 g; Natrium 2 mg.

Pekannuss-Karamellen Pro Portion: Energiegehalt 113 kcal/473 kJ; Eiweiß 0,4 g; Kohlenhydrate 12,8 g, davon Zucker 12,8 g; Fett 7,6 g, davon gesättigt 3,7 g; Cholesterin 15 mg; Kalzium 12 mg; Ballaststoffe 0,1 g; Natrium 27 mg.

Pekannuss-Toffee Gesamtmenge: Energiegehalt 2536 kcal/10698 kJ; Eiweiß 13,6 g; Kohlenhydrate 451,4 g, davon Zucker 449,5 g; Fett 87,6 g, davon gesättigt 7,1 g; Cholesterin 0 mg; Kalzium 302 mg; Ballaststoffe 5,9 g; Natrium 27 mg.

Pfefferminz-Humbugs Gesamtmenge: Energiegehalt 1621 kcal/6914 kJ; Eiweiß 2 g; Kohlenhydrate 429,9 g, davon Zucker 429,9 g; Fett 0 g; Cholesterin 0 mg; Kalzium 216 mg; Ballaststoffe 0 g; Natrium 65 mg.

Pistazien-Nougat Gesamtmenge: Energiegehalt 4838 kcal/20294 kJ; Eiweiß 103,3 g; Kohlenhydrate 577,8 g, davon Zucker 554,5 g; Fett 251,1 g, davon gesättigt 21,1 g; Cholesterin 0 mg; Kalzium 1293 mg; Ballaststoffe 33,3 g; Natrium 264 mg.

Pontefract-Lakritzkekse Gesamtmenge: Energiegehalt 1668 kcal/7114 kJ; Eiweiß 3,1 g; Kohlenhydrate 441,2 g, davon Zucker 441,2 g; Fett 0 g; Cholesterin 0 mg; Kalzium 785 mg; Ballaststoffe 0 g; Natrium 1690 mg.

Quittenspeck Pro Portion: Energiegehalt 86 kcal/369 kJ; Eiweiß 0,2 g; Kohlenhydrate 22,8 g, davon Zucker 22,8 g; Fett 0 g; Cholesterin 0 mg; Kalzium 11 mg; Ballaststoffe 0,3 g; Natrium 2 mg.

Rhabarber-Vanille-Bonbons Gesamtmenge: Energiegehalt 2015 kcal/8595 kJ; Eiweiß 2,5 g; Kohlenhydrate 534,4 g, davon Zucker 534,4 g; Fett 0 g; Cholesterin 0 mg; Kalzium 269 mg; Ballaststoffe 0 g; Natrium 71 mg.

Rocky Road Fudge Gesamtmenge: Energiegehalt 11632 kcal/49052 kJ; Eiweiß 73,2 g; Kohlenhydrate 2067,8 g, davon Zucker 2006 g; Fett 397,8 g, davon gesättigt 215,5 g; Cholesterin 478 mg; Kalzium 1695 mg; Ballaststoffe 3,2 g; Natrium 1611 mg.

Rosenpralinen Pro Portion: Energiegehalt 66 kcal/278 kJ; Eiweiß 0,5 g; Kohlenhydrate 10,5 g, davon Zucker 9,9 g; Fett 2,8 g, davon gesättigt 1,6 g; Cholesterin 1 mg; Kalzium 6 mg; Ballaststoffe 0 g; Natrium 2 mg.

Saltwater Taffies Gesamtmenge: Energiegehalt 1502 kcal/6378 kJ; Eiweiß 1,2 g; Kohlenhydrate 349,9 g, davon Zucker 269,3 g; Fett 20,5 g, davon gesättigt 13,5 g; Cholesterin 58 mg; Kalzium 124 mg; Ballaststoffe 0 g; Natrium 1022 mg.

Salzkaramellen Gesamtmenge: Energiegehalt 4746 kcal/19870 kJ; Eiweiß 10,6 g; Kohlenhydrate 607,9 g, davon Zucker 607,9 g; Fett 294,8 g, davon gesättigt 170,1 g; Cholesterin 735 mg; Kalzium 505 mg; Ballaststoffe 0 g; Natrium 1286 mg.

Salzkaramell-Pralinen Pro Portion: Energiegehalt 130 kcal/543 kJ; Eiweiß 0,9 g; Kohlenhydrate 15 g, davon Zucker 14,1 g; Fett 8,1 g, davon gesättigt 4,7 g; Cholesterin 10 mg; Kalzium 11 mg; Ballaststoffe 0 g; Natrium 11 mg.

Sauerkirsch-Panforte Gesamtmenge: Energiegehalt 4078 kcal/17190 kJ; Eiweiß 71 g; Kohlenhydrate 665,1 g, davon Zucker 559,6 g; Fett 144,7 g, davon gesättigt 12,2 g; Cholesterin 0 mg; Kalzium 1228 mg; Ballaststoffe 34 g; Natrium 886 mg.

Schlecken-Toffee Gesamtmenge: Energiegehalt 931 kcal/3973 kJ; Eiweiß 1,2 g; Kohlenhydrate 247 g, davon Zucker 247 g; Fett 0 g; Cholesterin 0 mg; Kalzium 123 mg; Ballaststoffe 0 g; Natrium 54 mg.

Schoko-Baiser Gesamtmenge: Energiegehalt 1001 kcal/4228 kJ; Eiweiß 11 g; Kohlenhydrate 185 g, davon Zucker 179,7 g; Fett 29,2 g, davon gesättigt 16,9 g; Cholesterin 9 mg; Kalzium 102 mg; Ballaststoffe 0 g; Natrium 438 mg.

Schokoladenförmchen Gesamtmenge: Energiegehalt 437 kcal/1824 kJ; Eiweiß 4,3 g; Kohlenhydrate 37,9 g, davon Zucker 35,3 g; Fett 32,8 g, davon gesättigt 18,6 g; Cholesterin 48 mg; Kalzium 61 mg; Ballaststoffe 2,5 g; Natrium 21 mg.

Schokoladenmakronen Pro Portion: Energiegehalt 93 kcal/390 kJ; Eiweiß 0,9 g; Kohlenhydrate 11,6 g, davon Zucker 11,3 g; Fett 5,1 g, davon gesättigt 3,9 g; Cholesterin 1 mg; Kalzium 7 mg; Ballaststoffe 0,8 g; Natrium 9 mg.

Schokoladenschiffchen Pro Portion: Energiegehalt 126 kcal/526 kJ; Eiweiß 1,2 g; Kohlenhydrate 14,4 g, davon Zucker 7,5 g; Fett 7,6 g, davon gesättigt 4,6 g; Cholesterin 19 mg; Kalzium 17 mg; Ballaststoffe 0,2 g; Natrium 41 mg.

Schokolade-Tuiles Pro Portion: Energiegehalt 62 kcal/260 kJ; Eiweiß 0,8 g; Kohlenhydrate 7 g, davon Zucker 4,4 g; Fett 3,6 g, davon gesättigt 2,4 g; Cholesterin 10 mg; Kalzium 9 mg; Ballaststoffe 0,2 g; Natrium 46 mg.

Schokolade-Nuss-Toffee Gesamtmenge: Energiegehalt 4254 kcal/17814 kJ; Eiweiß 60,8 g; Kohlenhydrate 498 g, davon Zucker 477,5 g; Fett 237,9 g, davon gesättigt 109,3 g; Cholesterin 301 mg; Kalzium 456 mg; Ballaststoffe 12,4 g; Natrium 993 mg.

Schoko-Lippen und -Herzen Pro Portion: Energiegehalt 83 kcal/349 kJ; Eiweiß 0,2 g; Kohlenhydrate 13,8 g, davon Zucker 13,8 g; Fett 3,8 g, davon gesättigt 2,1 g; Cholesterin 9 mg; Kalzium 10 mg; Ballaststoffe 0 g; Natrium 7 mg.

Schokotaler mit kandierten Früchten Pro Portion: Energiegehalt 49 kcal/204 kJ; Eiweiß 0,4 g; Kohlenhydrate 6,6 g, davon Zucker 6,2 g; Fett 2,5 g, davon gesättigt 1,4 g; Cholesterin 1 mg; Kalzium 6 mg; Ballaststoffe 0,1 g; Natrium 7 mg.

Türkischer Lokum Gesamtmenge: Energiegehalt 2971 kcal/12672 kJ; Eiweiß 3,9 g; Kohlenhydrate 786,5 g, davon Zucker 171,5 g; Fett 0,5 g, davon gesättigt 0,1 g; Cholesterin 0 mg; Kalzium 358 mg; Ballaststoffe 0,1 g; Natrium 84 mg.

Vanille-Fudge Gesamtmenge: Energiegehalt 4665 kcal/19743 kJ; Eiweiß 14,7 g; Kohlenhydrate 954,9 g, davon Zucker 954,9 g; Fett 113,8 g, davon gesättigt 74,7 g; Cholesterin 81 mg; Kalzium 841 mg; Ballaststoffe 0 g; Natrium 1157 mg.

Vanille-Marshmallows Gesamtmenge: Energiegehalt 2224 kcal/9481 kJ; Eiweiß 59 g; Kohlenhydrate 529 g, davon Zucker 476,3 g; Fett 0,3 g, davon gesättigt 0,1 g; Cholesterin 0 mg; Kalzium 250 mg; Ballaststoffe 0,1 g; Natrium 197 mg.

Vanille-Tablet Gesamtmenge: Energiegehalt 5232 kcal/22142 kJ; Eiweiß 26,9 g; Kohlenhydrate 1058,7 g, davon Zucker 1058,7 g; Fett 128,2 g, davon gesättigt 83,7 g; Cholesterin 381 mg; Kalzium 1248 mg; Ballaststoffe 0 g; Natrium 1354 mg.

Veilchenpralinen Pro Portion: Energiegehalt 66 kcal/278 kJ; Eiweiß 0,5 g; Kohlenhydrate 10,5 g, davon Zucker 9,9 g; Fett 2,8 g, davon gesättigt 1,6 g; Cholesterin 1 mg; Kalzium 6 mg; Ballaststoffe 0 g; Natrium 2 mg.

Walnuss-Aprikosen-Divinity Gesamtmenge: Energiegehalt 2273 kcal/9620 kJ; Eiweiß 18,9 g; Kohlenhydrate 461,2 g, davon Zucker 460,7 g; Fett 51,8 g, davon gesättigt 4,2 g; Cholesterin 0 mg; Kalzium 339 mg; Ballaststoffe 7,3 g; Natrium 234 mg.

Weiße Espresso-Trüffel Pro Portion: Energiegehalt 155 kcal/647 kJ; Eiweiß 1,9 g; Kohlenhydrate 15,1 g, davon Zucker 14,8 g; Fett 10,3 g, davon gesättigt 6 g; Cholesterin 7 mg; Kalzium 56 mg; Ballaststoffe 0 g; Natrium 23 mg.

Zitronendrops Gesamtmenge: Energiegehalt 2412 kcal/10289 kJ; Eiweiß 3 g; Kohlenhydrate 639,7 g, davon Zucker 633 g; Fett 0 g; Cholesterin 0 mg; Kalzium 319 mg; Ballaststoffe 0 g; Natrium 59 mg.

Zitronenträume Pro Portion: Energiegehalt 62 kcal/262 kJ; Eiweiß 0,2 g; Kohlenhydrate 15 g, davon Zucker 15 g; Fett 0,5 g, davon gesättigt 0,1 g; Cholesterin 0 mg; Kalzium 10 mg; Ballaststoffe 0,1 g; Natrium 10 mg.

Zuckermäuse Pro Portion: Energiegehalt 194 kcal/826 kJ; Eiweiß 0,9 g; Kohlenhydrate 45,3 g, davon Zucker 43,2 g; Fett 2,3 g, davon gesättigt 1,4 g; Cholesterin 0 mg; Kalzium 31 mg; Ballaststoffe 0,1 g; Natrium 18 mg.

Zucker-Osterei Gesamtmenge: Energiegehalt 3956 kcal/16879 kJ; Eiweiß 9,1 g; Kohlenhydrate 1045 g, davon Zucker 1045 g; Fett 0 g; Cholesterin 0 mg; Kalzium 532 g; Ballaststoffe 0 g; Natrium 146 mg.

Zweifarbige Schokoladenborke Gesamtmenge: Energiegehalt 2908 kcal/12159 kJ; Eiweiß 42,4 g; Kohlenhydrate 323,9 g, davon Zucker 321,3 g; Fett 169,1 g, davon gesättigt 99,5 g; Cholesterin 5 mg; Kalzium 1370 mg; Ballaststoffe 0 g; Natrium 2521 mg.

Zweifarbiges Fruchtgelee Pro Portion: Energiegehalt 70 kcal/298 kJ; Eiweiß 0,2 g; Kohlenhydrate 18,3 g, davon Zucker 18,3 g; Fett 0 g; Cholesterin 0 mg; Kalzium 11 mg; Ballaststoffe 0,2 g; Natrium 7 mg.

Nährwertangaben

Register

A
Ahornsirup 14
Alkohol 16
Ananas
    Ananashappen 108
    Kandierte Ananas 104
Anis
    Anisspiralen 27
    Lakritzbruch 128
    Lakritzstangen 130
    Pontefract-Lakritzkekse 129
Äpfel
    Karamelläpfel 51
Aprikosen
    Walnuss-Aprikosen-Divinity 90
    Zweifarbiges Fruchtgelee 111
Altmodischer Schokoladen-Fudge 63

B
Backtriebmittel, -pulver 15
Baiser 78
    Erdbeerwölkchen 87
    Mandelschäumchen 86
    Schoko-Baisers 88
Bienenwaben-Toffee 45
Bio-Zucker 14
Birnen
    Birnendrops 24
    Knusperbirnen 115
Bitter- und Zartbitterschokolade 134
    Champagner-Trüffel 140
    Dunkle Schokotrüffel 136
    Grand-Marnier-Trüffel 139
    Mandel-Schokoladenborke 149
    Mini-Lamingtons 155
    Mini-Schokoladenbrownies 153
    Orange-Mandel-Kugeln 123
    Rocky Road Fudge 69
    Rosen- und Veilchenpralinen 146
    Salzkaramell-Pralinen 147
    Schoko-Baisers 88
    Scholadenförmchen 150
    Schokoladen-Fudge 63
    Schokoladenmakronen 75
    Schokoladenschiffchen 152
    Schokolade-Nuss-Toffee 42
    Schoko-Lippen und -Herzen 144
    Schokotaler mit kandierten Früchten 151
    Zweifarbige Schokoladenborke 148
Bonfire Toffee 46
Brauner Zucker 8, 14
Brausepulver, Frucht- 37
Brombeerpaste 12
Brownies, Mini-Schokoladen- 153
Butter 15
Butterscotch 52

C
Champagner-Trüffel 140
Clementinen
    Clementinen-Fudge 66
    Kandierte Zitrusschale 102
    Marzipan-Haselnüsse 125
Crème double 14

D
Datteln 16, 60
    Gefüllte Datteln 126
    Kokos-Dattel-Röllchen 73
Demerara-Zucker 8, 14
Divinity 78
Dunkle Schokotrüffel 136
Dunkler Karamellbruch 47

E
Edelsteinlutscher 26
Edinburgh Rocks 34
Einfache Mandelpaste 120
Einmachzucker 14, 100
Eiweiß 15, 78
Erdbeeren
    Erdbeerwölkchen 87
    Zweifarbiges Fruchtgelee 111
Erdnüsse
    Erdnusskrokant 54
    Erdnuss-Fudge 7
    Erdnuss-Popcorn 57
Espresso
    Espresso-Haselnuss-Kugeln 124
    Espresso-Macadamia-Fudge 65
    Weiße Espresso-Trüffel 143

F
Feigen-Tablet 71
Fett 15
Fondant 15, 22
    Rosen-/Veilchenpralinen 146
    Zitronenträume 36
    Zuckermäuse 95
Französischer Nougat 92
Frucht-Brausepulver 37
Fruchtgelee 100
    Brombeerpaste 112
    Quittenspeck 114
    Zweifarbiges Fruchtgelee 111
Fudge 60
    Clementinen-Fudge 66
    Erdnuss-Fudge 67
    Espresso-Macadamia-Fudge 65
    Joghurt-Pekannuss-Fudge 68
    Mandel-Milch-Fudge 64
    Rocky Road Fudge 69
    Schokoladen-Fudge 63
    Vanille-Fudge 62

G
Ganache 134
Gefüllte Datteln 126
Gelatine 15, 100
Gelee siehe Fruchtgelee
Geleebonbons 100
    Ingwer-Gummibonbons 109
Glukosesirup 14
Gold (Blattgold, Goldstaub) 17, 134
    Champagner-Trüffel 140
    Dunkler Karamellbruch 47
    Mandel-Milch-Fudge 64
    Schoko-Lippen und -Herzen 144
Golden Syrup 14
    Erdnuss-Popcorn 57
    Karamellbutter-Popcorn 56
Grand Marnier
    Espresso-Haselnuss-Kugeln 124
    Grand-Marnier-Trüffel 139

H
Haselnüsse
    Espresso-Haselnuss-Kugeln 124
    Französischer Nougat 92
    Haselnussbruch 55
    Marzipan-Haselnüsse 125
Himbeeren
    Himbeerlutscher 25
    Himbeer-Marshmallow-Herzen 82
Honig 6f., 14
Honig-Sesam-Konfekt 53
Humbugs, Pfefferminz- 32

I
Ingwer
    Ingwer-Gummibonbons 109
    Kandierter Ingwer 103
    Meeresschaum 89

J
Joghurt-Pekannuss-Fudge 68

K
Kaffee
    Espresso-Haselnuss-Kugeln 124
    Espresso-Macadamia-Fudge 65

Kaffeebohnen 16
    Weiße Espresso-Trüffel 143
    Zuckermäuse 95
Kakao, -bohnen 10–12
Kakaopulver 17
Kandierte Ananas 104
Kandierte Clementinenschale:
    Sauerkirsch-Panforte 72
Kandierte Früchte 8
Französischer Nougat 92
    Schokotaler mit kandierten
        Früchten 151
    Grapefruit: Kandierte Zitrusschale 102
Kandierte Orangenschale
    Gefüllte Datteln 126
    Grand-Marnier-Trüffel 139
    Sauerkirsch-Panforte 72
Kandierte Rosenblüten 104
Kandierte Veilchenblüten:
    Veilchenpralinen 146
Kandierte Zitronenschale
    Sauerkirsch-Panforte 72
    Zitronenträume 36
Kandierte Zitrusschale 102
Kandierter Ingwer 103
Karamell 40
    Karamelläpfel 51
    Karamellbruch, Dunkler 47
    Karamellbutter-Popcorn 56
    Kokosnuss-Kardamom-Karamell 49
    Pekannuss-Karamellen 50
    Salzkaramellen 48
Kardamom: Kokosnuss-Kardamom-
    Karamellen 49
Kirsch-Mandel-Makronen 127
Kirschwasser
    Gefüllte Datteln 126
    Kirsch-Mandel-Makronen 127
Kirschwölkchen 91
Knusperbirnen 115
Kokosnuss 16, 60
    Kokos-Dattel-Röllchen 73
    Kokosnuss-Kardamom-Karamellen 49
    Kokoswürfel 74
    Mini-Lamingtons 155
    Schokoladenmakronen 75
Kristallzucker 8, 14
Küchengeräte 18 f.

L
Lakritze 118
    Lakritzbruch 128
    Lakritzstangen 130
    Lakritz-Sternanis-Tropfen 131
    Pontefract-Lakritzkekse 129
Lamingtons, Mini- 155
Lavendelblüten: Französischer
    Nougat 92
Liebesperlen: Zuckermäuse 95
Limetten: Knusperbirnen 115
Limettensaft: Birnendrops 24
Lokum, Türkischer 8f., 100, 107

Lutscher
    Edelsteinlutscher 26
    Himbeerlutscher 25

M
Macadamianüsse
    Espresso-Macadamia-Fudge 65
    Schokoladen-Nuss-Toffee 42
Makronen
    Kirsch-Mandel-Makronen 127
    Schokoladenmakronen 75
Mandeln
    Einfache Mandelpaste 120
    Französischer Nougat 92
    Kirsch-Mandel-Makronen 127
    Mandel-Milch-Fudge 64
    Mandelschäumchen 86
    Mandel-Schokoladenborke 149
    Marzipan 121
    Marzipanhummeln 122
    Pistazien-Nougat 94
    Sauerkirsch-Panforte 72
Marshmallows 78
    Himbeer-Marshmallow-Herzen 82
    Marshmallow-Stangen 85
    Rocky Road Fudge 69
    Vanille-Marshmallows 81
Marzipan 8, 118
    Espresso-Haselnuss-Kugeln 124
    Gefüllte Datteln 126
    Geröstetes Marzipan 121
    Marzipan-Haselnüsse 125
    Marzipanhummeln 122
    Orange-Mandel-Kugeln 123
Meeresschaum 89
Mehl 15
Melasse 8, 14
Milch 14
Milchschokolade 134
    Champagner-Trüffel 140
    Erdnuss-Fudge 67
    Espresso-Macadamia-Fudge 65
    Schoko-Lippen und -Herzen 144
Mini-Lamingtons 155

Mini-Schokoladenbrownies 153
Muscovado-Zucker 8

N
Nährwertangaben 156f.
Nougat 8, 78
    Französischer Nougat 92
    Pistazien-Nougat 94
Nüsse 16
    siehe auch einzelne Nusssorten
Nusskrokant 40
    Erdnusskrokant 54
    Haselnussbruch 55
Nusspasten 118
    einfache Mandelpaste 120

O
Öl 15
Orangen
    Gefüllte Datteln 126
    Kandierte Zitrusschale 102
    Marzipan-Haselnüsse 125
    Orange-Mandel-Kugeln 123
Orangenblütenwasser 16
    Pistazien-Nougat 94
Orangenextrakt: Frucht-Brausepulver 37
Osterei, Zucker- 96

P
Panforte, Sauerkirsch- 60
Pekannüsse
    Joghurt-Pekannuss-Fudge 68
    Pekannuss-Karamellen 50
    Pekannuss-Toffee 43
Pfefferminz-Humbugs 32
Pistazien
    Edelsteinlutscher 26
    Französischer Nougat 92
    Gefüllte Datteln 126
    Mandel-Schokoladenborke 149
    Pistazien-Nougat 94
    Zitronenträume 36
Pontefract-Lakritzkekse 129
Popcorn
    Erdnuss-Popcorn 57
    Karamellbutter-Popcorn 56
Puderzucker 8, 14

Q
Quittenspeck 114

R
Rhabarber-Vanille-Bonbons 31
Rocky Road Fudge 69
Rosen, -blüten, -wasser
    Edinburgh Rocks 34
    Kandierte Rosenblüten 106
    Rosenpralinen 146
    Rosenwasser 16
    Türkischer Lokum 107
Rum: Kokosnuss-Kardamom-
    Karamellen 49

S

Sahne 14
Saltwater Taffies 35
Salz 16
   Saltwater Taffies 35
   Salzkaramellen 48
   Salzkaramell-Pralinen 147
Sauerkirsch-Panforte 72
Schlacken-Toffee 44
Schoko-Baisers 88
Schokolade
   geformte Pralinen 134
   handwerklich hergestellte
     Schokolade 13
   Schokoladenrevolution 11 f.
   selbstgemachte Schokolade 13
   temperieren 17
   siehe auch Bitterschokolade, Milchschokolade, weiße Schokolade
Schokoladenborke
   Mandel-Schokoladenborke 149
   Zweifarbige Schokoladenborke 148
Schokoladenförmchen 150
Schokoladen-Fudge, Altmodischer 63
Schokoladenmakronen 75
Schokoladenschiffchen 152
Schokoladenthermometer 17
Schokotaler mit kandierten
   Früchten 151
Schokoladen-Tuiles 154
Schokoladen-Nuss-Toffee 42
Schoko-Lippen und -Herzen 144
Schokotrüffel, Dunkle 136
Sesam: Honig-Sesam-Konfekt 53
Stärke 100
Sternanis: Lakritz-Sternanis-
   Tropfen 131

T

Tablet 60
   Feigen-Tablet 71
   Vanille-Tablet 70
Temperieren von Schokolade 17
Toffee 40
   Bienenwaben-Toffee 45
   Bonfire Toffee 46
   Dunkler Karamellbruch 47
   Pekannuss-Toffee 43
   Schlacken-Toffee 44
   Schoko-Nuss-Toffee 42
Trüffel 134
   Champagner-Trüffel 140
   Dunkle Schokotrüffel 136
   Grand-Marnier-Trüffel
   Weiße Espresso-Trüffel 143
Türkischer Lokum 8 f., 100, 107

V

Vanille 16
   Vanille-Fudge 62
   Vanille-Marshmallows 81
   Vanille-Tablet 70
Veilchenpralinen 146
Verdickungsmittel 15

W

Walnüsse
   Rocky Road Fudge 69
   Walnuss-Aprikosen-Divinity 90
Weinbrand
   Champagner-Trüffel 140
   Espresso-Haselnuss-Kugeln 124
   Weiße Espresso-Trüffel 143
Weinstein 15
Weiße Espresso-Trüffel 143
Weiße Schokolade
   Ananashappen 108
   Clementinen-Fudge 66
   Schoko-Lippen und -Herzen 144
   Weiße Espresso-Trüffel 143
   Zweifarbige Schokoladenborke 148

Z

Zitronen
   Knusperbirnen 115
   Zitronenträume 36
Zitronendrops 28
Zitronenextrakt
   Frucht-Brausepulver 37
   Türkischer Lokum 107
   Zitronendrops 28
Zitronensaft
   Brombeerpaste 112
   Clementinen-Fudge 66
   Ingwer-Gummibonbons 109
   Quittenspeck 114
   Zitronenträume 36
   Zweifarbiges Fruchtgelee 111
Zitrusschale, Kandierte 102
Zucker 6–9, 14, 19
Zuckerformen 78
Zuckermäuse 95
Zucker-Osterei 96
Zuckerrüben 7, 8
Zuckerrohr 7, 8
Zuckerstreusel 17
Zuckerthermometer 19

Bildnachweis

Der Verlag dankt folgenden Institutionen für die Erlaubnis, ihre Bilder zu verwenden (o = oben, u = unten, l = links, r = rechts):

6 u The Gallery Collection/Corbis, 7 o British Library Board/The Bridgeman Art Library, 7 ur iStockphoto, 8 ol Mary Evans Picture Library/Alamy, 8 or bilwissedition Ltd. & Co. KG/Alamy, 9 or Peter Titmuss/Alamy, 9 u Photos 12/Alamy, 10 Museo de America, Madrid/The Bridgeman Art Library, 11 ul Staatliche Kunstsammlungen Dresden/The Bridgeman Art Library, 11 or O'Shea Gallery, London/The Bridgeman Art Library, 12 o iStockphoto, 12 ul The Bridgeman Art Library, 12 o iStockphoto, 12 ul The Bridgeman Art Library, 12 ur Archives Charmet/The Bridgeman Art Library, 13 ol Bettmann/Corbis, 13 or Yadid Levy/Alamy, 13 ur Leser/photocuisine/Corbis.

Danksagung

Dieses Buch war ein großes Unternehmen, das über ein Jahr in Anspruch nahm. Ich danke vor allen anderen meiner Mutter Elisabeth Ptak. Sie hat nicht nur meine Hand geführt, als ich meine erste Brownies anrührte, sie hat mir auch beigebracht, die Schreibfeder zu benützen. Sie ist meine beste Lektorin und meine leidenschaftlichste Unterstützerin.

Danke meinem Vater Gene und seiner Mutter – meiner Oma Bette – dafür, dass sie gerne kochen und backen und mich immer auf meinem Weg ermutigen; an Louis, weil er ein toller großer Bruder und ein einfallsreicher Koch ist.

Danke an Lucy Doncaster, meine unermüdliche Lektorin, die immer an mich geglaubt und jede E-Mail mit einer Ermunterung beschlossen hat. Danke, Nicki Dowey, für die schönen Fotos und den Roibos-Tee. Dank an Kate McCullough, mein »Gossip Girl«, Kuss + Umarmung! Dank an Ana Freitas und Dri Nascimento, die den Laden am Laufen hielten, während ich dieses Buch schrieb, und die die besten Mitarbeiter überhaupt sind. Danke Tommi Miers, für Ermunterung und Inspiration und fürs Tanzen. Ein besonderer Dank an Fanny Singer für ihre nimmermüde kreative Hilfe und für ihre Gummibärchen-Totems.

Und schließlich möchte ich Alice Waters dafür danken, dass sie vor etwa 40 Jahren mit dem Chez Panisse ein ganz besonderes Restaurant geschaffen hat. Ohne meine drei Jahre als Patisseurin im Chez wäre mein Leben anders verlaufen.